JACQUES

PAR

George Sand.

TOME II.

BRUXELLES.
SOCIÉTÉ BELGE DE LIBRAIRIE.
Hauman et Cᵉ.

1841

JACQUES.

IMPRIMERIE DE HAUMAN ET Cᵉ. — DELTOMBE, GÉRANT.
Rue du Nord, 8.

JACQUES

PAR

George Sand.

TOME II.

BRUXELLES.
SOCIÉTÉ BELGE DE LIBRAIRIE.
HAUMAN ET Cᵉ.

1841

XXIII

D'OCTAVE A HERBERT.

Mon ami, je me suis hâté de remettre les choses sur le pied où elles doivent être ; car mes affaires commençaient à s'embrouiller. Fernande prenait mes plaisanteries au sérieux, et il était temps de la désabuser ; autrement je courais le risque ou d'être découvert et recommandé par elle à son mari, ou d'être forcé de lui faire la cour tout de bon. Je ne voulais ni l'un ni l'autre. Peut-être, avec ce caractère de femme craintif, nerveux, et toujours dans le paroxysme d'une émotion quelconque, m'eût-il été facile, aidé par le romanesque des circonstances, de tourner les choses à mon profit, et de faire beaucoup de progrès en peu de temps. Les femmes comme Sylvia se donnent par amour ; mais, ou je me trompe bien, ou celles qui ressemblent à Fernande se laissent prendre sans savoir pourquoi, sauf à en être au désespoir le lendemain. Je ne pense pas que Lovelace, à ma place, eût agi aussi vertueusement que moi; mais je n'ai pas l'honneur d'être M. Lovelace, et j'agis selon ma manière qui n'a rien de scélérat. Surprendre les sens d'une jeune femme pour laquelle je n'ai point d'amour, et la livrer à la honte et à la colère, en m'adressant le lendemain sous ses yeux à une autre, ce ne serait pas seulement le fait d'un lâche, mais celui d'un sot. Car, assurément, après avoir possédé ces deux femmes, je serais chassé et détesté de toutes deux; et je ne crois pas que le souvenir d'avoir pressé Fernande une heure dans mes bras valût le bonheur de m'asseoir pendant un an seulement à côté de Sylvia.

J'ai donc coupé court à cette intrigue, qui prenait une tournure trop folle; mais trop fou moi-même pour me résoudre à détruire tout à fait mon roman en un jour, j'ai pris Fernande pour confidente et pour protectrice. Je lui ai écrit un billet bien sentimental, où, avec un peu de flatterie, un peu d'exagération et un peu de mensonge, je l'ai engagée à m'accorder une entrevue pour traiter de la grande affaire de ma réconciliation avec Sylvia. J'ai arrangé mon plan de manière à faire durer le plus longtemps possible le mystérieux mais innocent commerce que j'ai établi avec mon bel avocat. J'aurai donc pour quelques jours encore le clair de lune, les appels du hautbois, les promenades sur la mousse, les robes blanches à travers les arbres, les billets sous la pierre du grand ormeau, en un mot ce qu'il y a de plus charmant dans une passion, les accessoires. Je suis bien enfant, n'est-ce pas? Eh bien, oui! et je n'en ai pas honte. Il y a si longtemps que je suis triste et ennuyé!

XXIV

DE FERNANDE A CLÉMENCE.

Eh bien! je me suis décidée à aller consoler cet amant infortuné. Tu diras ce que tu voudras, mais il me semble que j'ai bien fait, car je me sens le cœur heureux et attendri. J'ai emmené Rosette, après lui avoir bien recommandé le secret (elle était déjà dans la confidence), et nous avons été ensemble au grand ormeau. Le pauvre désolé est venu à moi avec des transports de joie et de reconnaissance. C'est un bien bon jeune homme que cet Octave, et je suis sûre à présent qu'il est digne de Sylvia. Il m'a raconté toutes ses peines, et m'a dépeint le caractère de Sylvia et le sien, de manière à me faire comprendre par quels endroits ils s'étaient souvent offensés sans raison apparente. Sais-tu que ce récit m'a fait une singulière impression, et qu'il m'a semblé lire l'histoire de mon cœur depuis un an ? Pauvre Octave ! je le plains plus qu'il ne peut l'imaginer ; je comprends le malheur dont il souffre, et je ne sais trop si je ne devrais pas lui conseiller d'oublier à jamais son amour, et de chercher quelque âme plus semblable à la sienne. Oui, c'est la même souffrance, c'est la même destinée que moi ! Une tête jeune, confiante et sans expérience comme la mienne, aux prises avec un caractère fier, obstiné et grave comme celui de Jacques. Maintenant qu'il m'a fait connaître Sylvia, je vois bien qu'elle est la sœur de mon mari ; si elle n'est que son élève, il est certain qu'il lui a bien enseigné et fidèlement transmis sa manière d'aimer. Que ne sont-ils époux ! ils seraient à la hauteur l'un de l'autre.

Ce ne sera pas une chose aisée, je ne sais même pas si ce sera une chose possible, que cette réconciliation. Nous n'avons rien conclu, Octave et moi, dans cette première entrevue ; je ne pouvais rester qu'une heure, et elle a été toute employée à me mettre au fait de leur position respective. Il m'a promis que le lendemain il me dirait ce qu'il faut faire ; j'y retournerai donc ce soir. Il m'est très-facile de m'absenter une heure sans qu'on s'en aperçoive au château. Jacques et Sylvia ne sont pas fâchés de se trouver seuls pour faire ensemble de la philosophie aussi sombre que possible ; ils ne tiennent donc pas grand'note de ce que je fais pendant ce temps-là. Dieu sait, d'ailleurs, si Jacques m'aimerait assez à présent pour être jaloux !

Ah! que les temps sont changés, ma pauvre amie! Il est vrai que nous sommes heureux maintenant, si le bonheur est dans la tranquillité et dans l'absence de reproches; mais quelle différence avec les premiers temps de notre amour! Il y avait alors en nous une joie toujours vive, un transport continuel, et notre âme, pour être remplie de passion, n'en était pas moins calme et sereine. Qui a détruit ce repos? qui a emporté ce bonheur? Je ne puis croire que ce soit moi seule. Il y a eu de ma faute, il est vrai; mais avec un être plus imparfait et plus indulgent que Jacques, au lieu de relâcher nos liens, ces premières souffrances les auraient peut-être resserrés. D'où vient qu'Octave, malgré toutes les duretés et les bizarreries de Sylvia, l'aime davantage, chaque jour, en proportion des maux qu'il souffre pour elle? D'où vient que Jacques ne peut se faire enfant avec moi, comme Octave se fait esclave et victime patiente avec Sylvia? A présent Jacques semble content, parce que mes enfants me distraient de lui, et que Sylvia le distrait de moi; il n'est pas jaloux de mes enfants, et moi je suis jalouse de sa sœur. Il n'y a plus en apparence entre nous que de l'amitié; il n'en souffre pas, et je passe les nuits à pleurer notre amour.

Cette Sylvia, avec son âme de bronze, est-ce là une femme? Jacques ne devrait-il pas préférer celle qui mourrait en le perdant, à celle qui est toujours préparée à tous les malheurs, et toujours sûre de se consoler de tout? Mais on n'aime que son pareil en ce monde. D'où vient donc, alors, que j'aime toujours Jacques ? Toute sa force, toute sa grandeur ne servent pas à rendre son amour aussi solide et aussi généreux que le mien.

Sylvia ne s'occupe pas plus d'Octave que s'il n'avait jamais existé ; elle sait pourtant qu'il est ici et qu'il n'y est venu que pour elle. Elle dort, elle chante, elle lit, elle cause avec Jacques des étoiles et de la lune, et ne daigne pas jeter sur la terre un regard à l'amant dévoué qui pleure à ses pieds. Octave est pourtant digne d'un meilleur sort et d'un plus tendre amour. Il a une si douce éloquence, un cœur si pur, une figure si intéressante ! Je le connais à peine, et je me sens pour lui de l'amitié, tant il a su m'intéresser à son sort et me montrer ingénument le fond de son âme ! Combien je voudrais pouvoir le réconcilier avec Sylvia, et le voir fixé près de nous ! Quel aimable ami ce serait pour moi ! Quelle douce vie nous mènerions à nous quatre ! Je mettrai tous mes soins à ce que ce beau rêve se réalise, ce sera une bonne action, et Dieu peut-être bénira mon amour, pour avoir rallumé celui d'Octave et de Sylvia.

XXV

D'OCTAVE A FERNANDE.

Vous m'avez laissé, ce soir, si consolé, si heureux, ô ma belle amie! ô mon cher ange tutélaire! que j'ai besoin, en rentrant sous mon toit de fougères, de vous remercier, et de vous dire tout ce que j'ai dans le cœur d'espoir et de reconnaissance. Oui, vous réussirez! vous le voulez fortement, avez-vous dit. Vous vous mettrez à genoux près de moi, s'il le faut, pour implorer la fière Sylvia, et vous vaincrez son orgueil. Que Dieu vous entende! comme j'ai bien fait de m'adresser à vous et d'espérer en votre bonté! Votre extérieur ne m'avait pas trompé; vous êtes bien cet être angélique qu'annoncent vos grands yeux et votre doux sourire, et cette taille mignonne, gracieusement courbée comme une fleur délicate, et ces cheveux teints du plus beau rayon du soleil. Quand je vous vis pour la première fois, j'étais caché dans le parc, et vous passâtes près de moi en lisant. Au premier aspect d'une femme, j'avais cru que vous étiez celle que je cherchais. Ah! vous étiez réellement celle dont j'avais besoin alors, et que Dieu m'envoyait dans sa miséricorde. Je me cachai dans le feuillage, et je restai à vous regarder pendant que vous passiez lentement. Vous teniez bien le livre, mais de temps en temps vous leviez vers l'horizon un regard mélancolique et distrait; vous aussi vous sembliez n'être pas heureuse, et, s'il faut que je vous dise tout, Fernande, il me semble encore que vous ne l'êtes pas autant que vous le méritez. Quand je vous raconte mes souffrances, elles semblent trouver un écho dans votre cœur, et quand je vous dis que l'amour est le premier des maux, plus souvent que le premier des biens, vous me répondez : *Oh! oui*, avec un accent de douleur inexprimable. Oh! ma bonne Fernande, si vous avez besoin d'un ami, d'un frère; si je puis être assez heureux pour vous rendre service, ou au moins pour alléger vos peines en pleurant avec vous, initiez-moi à ces saintes larmes, et que Dieu m'aide à vous rendre le bien que vous m'avez fait.

De ce premier jour où je vous ai vue, j'ai retrouvé le courage de vivre; désespéré, je venais tenter un dernier effort, résolu à mourir s'il échouait. Le soir, j'entrai dans le salon, et j'entendis votre entretien avec Sylvia. Là je connus toute votre âme, elle se révéla à moi en peu de mots; vous parliez d'amour malheureux.

vous parliez de mourir. Vous ne conceviez pas l'avenir solitaire que votre amie envisageait sans frayeur. Oh! celle-ci est ma sœur, me disais-je en vous écoutant; elle pense comme moi qu'il faut être aimé ou mourir; son cœur est un refuge que je veux implorer; là, du moins, je trouverai de la compassion, et si elle ne peut me secourir, elle me plaindra; sa pitié descendra du ciel comme la manne, et je la recevrai à genoux. Si je suis chassé d'ici, si je dois renoncer à Sylvia, j'emporterai dans mon cœur le souvenir sacré de cette amitié sainte, et je l'invoquerai dans mes souffrances. O Fernande! pourquoi Sylvia est-elle si différente de vous? Ne pouvez-vous pas adoucir son âme indomptable? Ne pouvez-vous lui communiquer cette douceur et cette miséricorde qui sont en vous? Dites-lui comment on aime, apprenez-lui comment on pardonne; apprenez-lui surtout que l'oubli des torts est plus sublime que l'absence des torts eux-mêmes, et que, pour m'être véritablement supérieure, il faudrait qu'elle m'eût pardonné. Son ressentiment la rend plus criminelle devant Dieu que toutes mes fautes. La perfection qu'elle cherche et qu'elle rêve n'existe que dans les cieux; mais c'est la récompense de ceux qui ont pratiqué la miséricorde sur la terre.

Je serai ce soir autour de la maison. La lune ne se lève qu'à dix heures; si vous avez obtenu quelque succès, mettez-vous à la fenêtre, et chantez quelques paroles en italien; si vous chantez en français, je comprendrai que vous n'avez rien de favorable à m'apprendre. Mais alors je n'en ai que plus besoin de vous voir, Fernande ; venez au rendez-vous à onze heures. Ayez pitié de votre ami, de votre frère.

OCTAVE.

XXVI

DE FERNANDE A OCTAVE.

Je vous ai dit, hier soir, combien j'avais peu de succès; j'ai encore moins d'espérance aujourd'hui. Ne nous décourageons pourtant pas, mon pauvre Octave, et soyez sûr que je ne vous abandonnerai pas. Le temps affreux qu'il fait aujourd'hui m'ôte l'espoir de vous voir dans la soirée; je prends donc le parti de vous écrire aussi, et de confier ma lettre à Rosette, qui la mettra sous la pierre du grand ormeau.

J'ai essayé de parler de vous à Sylvia, mais j'ai rencontré des difficultés sur lesquelles je n'avais pas assez compté; son caractère roide et réservé a résisté à toutes les investigations de mon amitié. En vain je l'ai assaillie de questions aussi adroites et aussi discrètes en même temps qu'il m'a été possible de les imaginer, je n'ai même pas pu obtenir l'aveu qu'elle eût jamais aimé. Voyez-vous, Octave, on me traite ici en enfant de quatre ans; mon mari et Sylvia s'imaginent que je ne suis pas en état de comprendre leurs sentiments et leurs pensées. Réfugiés tous deux dans un monde qu'ils croient accessible à eux seuls, ils m'en ferment impitoyablement l'entrée, et je vis seule entre deux êtres qui me chérissent, et qui ne savent pas me le témoigner. Je vous l'ai avoué hier soir, je ne suis pas heureuse; j'ai eu tort peut-être de vous faire cette confidence, mais vous m'avez pressée de questions si affectueuses, et de reproches si doux, que j'aurais cru faire injure à votre amitié en vous refusant la confiance que vous m'accordez. Vous m'avez raconté toutes vos souffrances; j'étais si émue hier que je vous ai à peine fait comprendre les miennes. Mais il vous est bien facile de les imaginer, Octave; car ce sont absolument les mêmes que les vôtres, et quiconque a souffert votre vie depuis trois ans a souffert aussi celle que je mène depuis un an. Vous avez donc raison de m'appeler votre sœur. Nous sommes frères d'infortune, et nos destinées ont été mêlées dans la même coupe de fiel et de larmes; nous sommes tous deux froissés et méconnus. Jacques est le frère de Sylvia, n'en doutez pas; il a tout son caractère, toute sa fierté, tout son silence inexorable. Moi, j'ai bien d'autres défauts que ceux dont vous vous accusez; nous nous heurtons, nous nous déchirons donc souvent sans cause apparente; un mot, une question, un regard, suffisent pour nous attrister tout un

2.

jour; et pourtant Jacques est un ange, et d'après ce que vous m'avez dit de Sylvia, je vois qu'elle est loin de posséder sa douceur et sa bonté dans le pardon. Mais si le caractère de Jacques l'emporte, le fond de leur cœur est le même; la différence de nos sexes et de nos situations fait que nous sommes traités différemment. Jacques ne peut me maltraiter et me bannir comme Sylvia fait de vous, mais dans son âme il s'isole de moi chaque jour davantage, et il se dit tout bas ce que Sylvia vous dit tout haut : Nous ne sommes pas faits l'un pour l'autre.

Affreuse parole, arrêt inexorable peut-être ! Eh ! qu'avons-nous fait pour le mériter ? Je ne puis concevoir qu'on n'aime pas l'être dont on est aimé, par cette seule raison qu'il aime. N'est-ce pas la meilleure de toutes ? N'est-ce pas le mérite qui doit lui faire tout pardonner ? L'expiation tout entière n'est-elle pas dans cette seule parole : *Je t'aime !* Jacques me l'a dit souvent, et avec quel transport je l'accueille ! Quand je me suis imaginé pendant des jours entiers qu'il était bien cruel et bien coupable envers moi, s'il revient avec cette douce et sainte parole, je ne lui demande pas d'autre justification; elle efface à mes yeux tous les torts et tous les maux. Pourquoi n'a-t-elle pas pour lui la même valeur dans ma bouche ? Ah ! Octave, ils croient qu'ils savent aimer, eux deux !

Eh bien ! ayons courage, aimons-les tristement et patiemment; peut-être deviendront-ils justes en nou. voyant résignés, peut-être deviendront-ils généreux en nous voyant souffrir; donnons-nous la main, et marchons ensemble dans la vallée de larmes. Si mon amitié vous aide et vous console, soyez sûr aussi que la vôtre m'est douce; que ne puis-je vous donner le bonheur! Mais réussirai-je? donne-t-on ce qu'on n'a pas?

Il faudrait se décider à parler à Jacques; mais plus je vais et moins je me flatte que ce message soit bien accueilli en passant par ma bouche. Depuis deux ou trois jours, il est avec moi d'une distraction et d'une froideur inconcevables. Sylvia me comble de prévenances, de soins et de caresses; mais quand je veux causer avec elle de toute autre chose que de botanique et de partitions, je ne trouve plus que d'habiles défaites pour éloigner ma sollicitude. Elle est, comme Jacques, bonne, affectueuse et dévouée; comme lui, méfiante et incompréhensible. Tâchez de vous décider à écrire, soit à elle, soit à mon mari; je remettrai la lettre; je dirai que je vous ai vu; je serai alors en droit de parler de vous et de prendre votre défense. Mais si vous ne me permettez pas encore de dire que vous êtes ici, que voulez-vous que j'obtienne de gens qui affectent de ne pas savoir seulement votre nom? Il faudra, si nous prenons le parti que je vous conseille, cacher un peu de notre amitié mutuelle à Jacques, et dire que vous m'avez rencontrée et abordée dans le parc le jour même où je parlerai de vous. Ce sera le premier mensonge que j'aurai fait de ma vie, mais il me semble nécessaire. Si nous avons l'air de nous trop bien entendre pour vaincre leur orgueil, ils s'entendront pour se tenir en garde; ils parleront de nous ensemble, et s'il leur arrive de faire un parallèle entre nous, un jour de leur plus sombre philosophie, nous serons perdus. Celui de nous qui n'est pas tout à fait précipité tombera dans l'abîme avec l'autre. Adieu, Octave; je suis triste comme le temps aujourd'hui, et je me sens une sorte d'effroi inexplicable; je crains que vous ne me portiez malheur, ou d'achever de vous perdre en voulant vous sauver.

Pardonnez-moi de n'avoir pas plus de courage, quand vous avez tant besoin d'espoir et de consolation; peut-être demain sera-t-il un meilleur jour pour tous deux.

Songez donc, mon ami, à me rapporter mon bracelet, la première fois que nous nous reverrons. Je vais prier pour que la pluie cesse; je mettrai un fanal à ma fenêtre ce soir, si je ne puis sortir.

XXVII

DE CLÉMENCE A FERNANDE.

Fernande ! Fernande ! tu te perds, et en vérité c'est trop tôt ; tu me fais de la peine. Je savais bien que cela devait t'arriver un jour ; avec ton caractère faible et l'absence de sympathie qui existe entre ton mari et toi, cela m'a toujours semblé inévitable ; mais j'espérais que tu résisterais plus longtemps à ton destin, et que tu soutiendrais contre lui une lutte plus noble et plus courageuse. C'est se laisser vaincre trop vite. Ma pauvre Fernande, tu es dans l'âge où l'on ne sait pas encore tirer parti de son mauvais sort, et conduire au moins prudemment une affaire de cœur : tu vas te compromettre, te laisser découvrir par ton mari ; lui demander pardon, l'obtenir ; le tromper encore et peu à peu devenir son ennemie ou son esclave. Fernande, est-il possible que tu n'aies pu attendre deux ou trois ans !

Je sais que tu es pure encore, et qu'avant de commettre ta première faute tu verseras bien des larmes inutiles, et que tu adresseras à tous les anges protecteurs bien des prières perdues; mais le mal est déjà fait et le péché commis dans ton cœur. Tu aimes, il n'y a pas à dire, mon amie, tu aimes un autre homme que ton mari.

Tu ne le savais pas encore en m'écrivant, sans quoi tu ne m'aurais peut-être pas écrit; mais cela est aussi clair pour moi que l'avenir et le passé de ma pauvre Fernande. Cet Octave est jeune, tu as remarqué qu'il a une figure charmante; il entre par tes fenêtres, il joue du hautbois et endort tes enfants d'une manière magique; il joue au roman autour de toi, et te voilà troublée, confuse, émue, c'est-à-dire, éprise. Tu pouvais très-bien raconter dès le commencement à ton mari les impertinences de M. Octave, et couper court, sans mériter le plus léger reproche de la part de M. Jacques. Mais ce serait finir trop vite une aventure qui t'amuse et te charme bien plus qu'elle ne te fait peur; car tu es prête à te trouver mal de frayeur chaque fois que le lutin apparaît, et pourtant tu t'arranges toujours de manière à l'évoquer dans l'obscurité. Enfin l'ennemi change ses batteries, et pour t'apprivoiser te parle d'un amour qu'il n'a peut-être jamais eu pour Sylvia, et qui bien certainement n'est qu'un prétexte pour arriver à toi. Tu accueilles ce prétexte avec empressement, et, sans concevoir le plus léger soupçon sur sa sincérité, tu cours au rendez-vous, et te voilà engagée dans une intrigue d'amour qui aura les résultats accoutumés, quelques plaisirs et beaucoup de larmes.

Il est bien vrai que, pour te disculper à tes propres yeux du nouvel amour que tu sens fermenter en toi, tu récapitules les torts de ton mari, et tu t'efforces de te prouver qu'il t'a fallu bien du courage et du dévouement pour l'aimer jusqu'ici. Mais toute cette théorie d'amour et d'infidélité est fondée sur des principes faux. D'abord, tu n'as jamais eu d'amour véritable pour M. Jacques; ensuite rien dans sa conduite n'autorise les fautes que tu vas commettre. D'après tout ce que tu m'as raconté de lui, je vois qu'il est le meilleur homme du monde, et qu'il n'a d'autre tort dans tout ceci que d'avoir le double de ton âge. Pourquoi lui en chercher de plus graves? Pourquoi accuser son caractère et son cœur? Fernande, cela est injuste et ingrat. Il suffit de tromper ton mari, il ne faut pas le calomnier. Avoue que tu es jeune, étourdie, que tes principes ont peu de solidité et ton caractère aucune énergie, que tu sens le besoin d'aimer et que tu t'y abandonnes. Ce sont là des malheurs et non pas des crimes; mais aie au moins la noblesse de rendre justice à ton mari, et de ne l'accuser de rien sinon d'avoir trente-cinq ans et de t'avoir épousée.

Je gage qu'à l'heure qu'il est tu as versé dans le sein de M. Octave le secret de tes chagrins domestiques, car il t'a raconté ce qu'il avait eu à souffrir de Sylvia ou de quelque autre, et ce récit a éveillé en toi tant de sympathe que tu as décidé en une heure d'en faire ton ami et ton frère. Dès lors tu agis en conséquence, les billets et les rendez-vous vont leur train. Quel billet que ce premier billet de M. Octave! quelle passion, quels éloges, quelles prières, quelles tendres expressions! et tout cela pour toi, Fernande! Aussi tu ne l'as pas fait attendre, et tu étais au rendez-vous avant lui, je parie. A présent il doit t'avoir dit clairement que c'est toi, et non Sylvia qu'il aime, ou du moins que, s'il a jamais connu et aimé celle-ci, tu la lui as fait parfaitement oublier. Cela aura pu t'empêcher, pendant deux jours, d'aller au grand ormeau; mais le troisième tu n'auras pu y tenir, et vous en êtes maintenant au délire charmant de l'amour platonique. Il est convenu qu'on respectera l'honneur de M. Jacques, jusqu'à ce que les sens l'emportent par surprise, quelque beau soir, sur la volonté. Moyennant quelques louis, sortis de la poche de M. Octave, Rosette n'a-t-elle pas déjà quelque entorse, une écorchure au pied qui l'empêche de marcher jusqu'à l'entrée du vallon? Ai-je deviné juste, ou ne s'est-il rien passé de pareil à tout ce que je suppose?

Il peut se présenter un hasard qui change la marche des choses; c'est que M. Jacques, étonné de te voir devenue si brave, toi qui n'osais traverser le salon dans l'obscurité il y a quelques jours, et qui maintenant traverses le parc et la campagne à neuf heures du soir, s'avise de te suivre et de t'observer ; le moins qu'il puisse faire, en mari sage et prudent, c'est de t'adresser un sermon laconique, mais un peu grave, et de prendre des moyens pour éloigner ton amant. Alors le désespoir allumera la passion, et vous deviendrez plus ingénieux et plus habiles dans vos rapports secrets ; le *malheur* de M. Jacques n'en sera que plus sûr et plus prompt. Si M. Octave ne t'aime pas assez pour risquer d'être tué en escaladant ta fenêtre, tu t'en consoleras et tu te mettras à détester ton mari, parce que, dans sa mauvaise humeur, une femme s'en prend surtout à son mari de tous les chagrins qui lui adviennent. Dans ce cas-là, tu ne seras pas longtemps à trouver un autre amant, car ton cœur appellera impérieusement quelque affection nouvelle pour chasser la douleur et l'ennui dont tu seras consumée. Comme tu n'es pas fort patiente pour observer et pour connaître les caractères auxquels tu te fies, il pourra bien t'arriver de faire encore un mauvais choix, et alors malheur à toi ! Tu marcheras d'erreur en faute, et d'étourderie en imprudence. Une des plus belles fleurs d'innocence que la société ait vues éclore sera flétrie et empoisonnée par son mauvais destin et sa faible nature.

Quoi qu'il t'arrive, Fernande, je ne t'abandonnerai pas ; pour te secourir et te consoler, je vaincrai les préjugés, trop bien fondés et malheureusement trop nécessaires, qui soutiennent l'édifice de la société. Mais mon amitié ne pourra pas te servir à grand'chose, et je vois avec douleur l'abîme où tu te précipites les yeux bandés. Pardonne à la dureté de ma lettre ; si elle te blesse, je me consolerai de t'avoir fait de la peine en espérant t'avoir inspiré un peu de prudence, et retardé peut-être, ne fût-ce que de quelques jours, le déplorable sort vers lequel tu t'achemines.

XXVIII

DE JACQUES A SYLVIA.

De la ferme de Blosse.

Les affaires qui m'ont attiré ici ne sont qu'un prétexte. J'ai été frappé d'un malheur inattendu; il m'a été impossible d'en parler même à toi. Je suis parti sans rien faire paraître de ma douleur; j'ai voulu mettre entre moi et *elle* une quinzaine de lieues pour me forcer d'agir avec réflexion. Lorsque les communications qu'on peut avoir ensemble exigent un intervalle de quelques heures, la violence ne l'emporte pas sur la volonté aussi aisément. Voici ce que j'ai à t'apprendre.

Samedi soir, tu te rappelles que je te laissai à la maison de Remi pour aller parler aux gardes forestiers de la côte Saint-Jean; nous devions, toi marchant plus lentement que moi, et m'attendant si tu arrivais la première, nous rejoindre au carrefour du grand ormeau; mais, par une singulière combinaison du hasard, tu te trompas de sentier et arrivas tout droit au château, tandis que je me hâtais de t'aller retrouver au lieu convenu. Il faisait fort sombre, tu t'en souviens, et un peu de pluie avait rendu l'herbe humide; le bruit des pas s'y trouvait entièrement amorti. J'arrivai donc sans être remarqué de ceux qui étaient là ; il sétaient deux, Fernande et un homme. Ils se donnèrent un baiser, et ils se séparèrent en disant *à demain;* ils avaient échangé quelques paroles à voix basse où j'avais saisi un seul mot : *bracelet.* L'homme disparut après avoir sauté par-dessus la haie du taillis, Fernande appela à plusieurs reprises Rosette, qui était apparemment assez loin, car elle se fit attendre; puis elles partirent ensemble, et je les suivis en me tenant à une certaine distance. Fernande avait l'air parfaitement calme en rentrant au salon, et quand je lui demandai où elle avait été, elle me répondit qu'elle n'était pas sortie du parc, avec une assurance étonnante. Je l'accompagnai jusqu'à sa chambre, et j'attendis qu'elle eût ôté ses bracelets. Tandis qu'elle passait dans son cabinet de toilette, je les examinai; l'un des deux avait été évidemment changé ; quoiqu'il fût exactement pareil à l'autre, quoiqu'il portât mon chiffre, il n'avait pas une petite marque que le bijoutier de Genève, à qui je les ai commandés, avait mise à l'un et à l'autre. Je souhaitai le bonsoir à Fernande, avec calme et sans rien témoigner de mon émotion ; elle me jeta les bras autour du cou, avec sa tendresse accoutumée, et me reprocha, comme elle fait tous les jours, de ne pas l'aimer assez. Le matin elle entra dans ma chambre et m'accabla de caresses auxquelles je me dérobai en inventant un prétexte pour sortir précipitamment; alors je sentis qu'il était au-dessus de mes forces de dissimuler l'horreur que me causait cette femme. Je partis dans la journée.

Il y a plusieurs jours que j'avais remarqué quelque chose d'extraordinaire dans la conduite de Fernande. Cette histoire de voleur ou de revenant, dont la maison était remplie, me paraissait expliquer, jusqu'à un certain point, son émotion au moindre bruit. Je voyais son trouble, son agitation, et à Dieu ne plaise que j'accueillisse l'ombre d'un soupçon ! Lorsque, attirés par ses cris, nous la trouvâmes enfermée dans sa chambre, l'idée ne me vint pas qu'un homme pût avoir été assez hardi pour tenter de la séduire sans qu'elle m'eût averti dès le premier jour de ses tentatives. Je la vis ensuite errer dans le parc, écrire plus souvent que de coutume, avoir de fréquents conciliabules avec Rosette, déployer tout à coup plus d'activité et de gaieté que je ne lui en ai vu depuis longtemps, et surtout passer d'un excès de pusillanimité à une sorte de hardiesse; que le ciel m'écrase si l'idée me vint de l'observer pour trouver une explication à ces bizarreries ! Elle que j'ai connue si naïve, si chaste, si vraie ! Elle qui s'accusait des torts qu'elle n'avait pas et des fautes qu'elle n'avait pas commises ! Infortunée ! qui a pu la corrompre et la flétrir si vite ?

Il faut qu'elle ait eu dans le cœur quelque odieux germe d'impudence et de perfidie ; il faut que sa mère, en la parant de toutes les grâces de la candeur, lui ait versé dans l'âme une goutte de ce poison que distillent ses veines ; ou il faut que l'homme qui a réussi à la dominer en si peu de jours ait dans le souffle quelque chose d'infernal, et qu'il soit impossible à une femme de toucher ses lèvres sans être avilie et endurcie au mal au même instant. Il y a, je le sais, des libertins si pervers qu'ils semblent doués d'un pouvoir surnaturel, et qu'entre leurs mains l'innocence se change en infamie, comme par miracle. Il y a aussi des femmes qui naissent avec l'instinct de l'effronterie. Dans les années de leur première inexpérience, cette impudeur se voile sous les grâces de la jeunesse, et ressemble à la confiante sincérité de l'enfance ; mais, dès leur premier pas dans le vice, tout leur être devient mensonge et bassesse. J'ai vu tout cela, et pourtant je n'aurais jamais pu soupçonner Fernande ; et me voici aussi surpris, aussi atterré de stupeur que s'il s'était opéré quelque révolution dans le cours des astres.

A présent, il s'agit de savoir ce que j'ai à faire. Pour moi, je ne suis pas embarrassé de ce que je deviendrai : le mépris est l'appui le plus fort sur lequel puisse se reposer une âme désolée ; je partirai et ne la reverrai que lorsque mes enfants seront en âge de recevoir l'impression funeste de son exemple et de ses leçons ; alors je les lui retirerai et je lui assurerai une existence riche et indépendante. O Dieu! ô Dieu! était-ce ainsi que j'avais rêvé son avenir et le mien ? Mais elle a menti sans pâlir, elle m'a embrassé sans honte et sans confusion, elle m'a reproché de ne pas l'aimer assez, le jour où elle me trompait ! Qui pouvait prévoir que c'était là un cœur vil, avec lequel il n'y aurait pas d'autre parti à prendre que l'oubli ?

Je n'attends de toi qu'un service, c'est que tu ne fasses paraître aucune émotion, et que tu l'observes attentivement pendant plusieurs jours. Je crois qu'elle aime ses enfants ; il m'a semblé qu'elle redoublait pour eux de soins et de tendresse, depuis qu'elle a trouvé dans une autre affection que la mienne le bonheur dont elle était avide. Pourtant je veux savoir si je ne me trompe pas, et si ce nouvel amour ne lui fera pas oublier et mépriser les droits sacrés de la nature. Hélas ! j'en suis maintenant à la croire capable de tous les crimes ! Observe-la, entends-tu ! et si mes enfants doivent souffrir de sa passion, condamne-la sans pitié ; je veux alors les reprendre sur-le-champ, et partir avec eux sans aucune explication.

Mais non ! ce serait trop cruel. Elle peut les négliger pendant quelques jours sans cesser de les aimer ; lui arracher ses enfants au berceau ! ses enfants qu'elle allaite encore ! pauvre femme ! ce serait un trop rude châtiment. C'est une mauvaise et ignoble nature de femme ; mais elle a au moins pour eux l'amour que les animaux ont pour leur famille. Je les lui laisserai, et tu resteras auprès d'eux ; tu veilleras sur eux, n'est-ce pas ? Adieu. J'attends ta réponse par le courrier que je t'envoie. Dis à Fernande que mes affaires me retiennent encore ici, et que je fais demander des nouvelles de mon fils que j'ai laissé souffrant. Mes pauvres enfants!

XXIX

DE SYLVIA A JACQUES.

Tu te trompes : sur l'âme de notre père ! je jure que tu te trompes : Fernande n'est pas coupable ; l'homme que tu as vu n'est pas son amant, c'est le mien, c'est Octave. Je l'ai vu, je sais qu'il est ici, et que c'est lui qui rôde autour de la maison. Je le croyais parti ; mais, si tu as vu un homme parler à Fernande, ce ne peut être que lui. Il se sera adressé à elle pour qu'elle le réconcilie avec moi. Le baiser que tu as entendu aura été déposé sur sa main. Octave n'est pas un grand caractère, et il me reste peu d'amour pour lui, mais c'est au moins un honnête homme, et je le sais incapable de chercher à séduire ta femme. Quant à elle, il est impossible qu'elle se laisse séduire ainsi, et qu'elle sache mentir avec cet aplomb. Je ne sais rien encore ; ce qui se passe me semble bizarre, et je ne me chargerai pas de t'en donner l'explication à présent. Je ne sais comment ils peuvent être déjà amis; mais ils ne sont point amants, j'en réponds. Je connais, non leur conduite actuelle, mais leur âme; ne juge donc pas, tiens-toi tranquille, attends : demain tu sauras tout, j'espère. Je suis fâchée de ne pouvoir te donner une explication plus satisfaisante aujourd'hui, mais je ne veux point questionner Fernande; je ne veux pas qu'elle se doute de tes soupçons. Tout ce que je puis oser te dire, c'est qu'elle ne les mérite pas. Adieu, Jacques; tâche de dormir cette nuit. Quoi qu'il arrive, je ferai ce que tu voudras, ma vie t'appartient.

XXX

DE FERNANDE A OCTAVE.

Courage! mon ami; courage! J'ai parlé enfin à Sylvia, et j'espère; j'ai trouvé une occasion favorable. Vous m'aviez tellement recommandé de ne rien précipiter que je tremblais d'agir trop vite; mais, d'un autre côté, je craignais de ne jamais retrouver un moment aussi propice. Jamais je n'avais vu Sylvia aussi prévenante, aussi bonne, aussi expansive avec moi; elle semblait désirer de m'entendre. Elle est venue dans ma chambre hier soir, et m'a demandé pourquoi j'étais triste. Je le lui ai dit : Jacques lui avait écrit de Blosse pour avoir des nouvelles des enfants, et il ne m'avait pas adressé une ligne. Je ne peux pas m'offenser de cette préférence si marquée pour Sylvia, mais je puis m'affliger du tort qu'elle me fait. Je le lui ai dit ingénument. Elle m'a embrassée avec effusion en

me disant : — Est-il possible, ma pauvre enfant, que je sois un sujet de chagrin pour toi, moi qui espérais contribuer à ton bonheur, et l'entretenir, sinon l'augmenter, par ma tendresse? Eh quoi! Fernande, crois-tu donc que je sois une femme aux yeux de Jacques?
— Non, lui ai-je répondu, je sais, ou du moins je crois savoir que tu es sa sœur; mais je n'en suis que plus sûre de mon malheur : il t'aime mieux que moi.
— Non, Fernande! non, s'est-elle écriée. S'il en était ainsi j'estimerais et j'aimerais moins Jacques. Tu es ce qu'il a de plus cher au monde, tu es son amante, la mère de ses enfants. Et tu l'aimes par-dessus tout, n'est-il pas vrai? — Par-dessus tout, ai-je répondu.
— Et tu n'as jamais eu un tort grave envers lui? — Jamais! ai-je dit avec assurance, j'en prends Dieu à témoin. — En ce cas, tu n'as rien à craindre, a-t-elle repris; il est vrai que Jacques est sévère et inexorable dans de certaines occasions, mais il est doux et tolérant pour les petites fautes. Sois sûre, Fernande, que ton sort est bien beau, et que, si tu en es mécontente, tu es ingrate. Hélas! que ne donnerais-je pas pour changer avec toi? Tu peux aimer de toutes les forces de ton âme, tu peux vénérer l'objet de ton amour, tu peux t'abandonner tout entière; c'est un bonheur que je n'ai jamais goûté. — Est-il bien vrai? me suis-je écriée en passant un bras autour de son cou; n'as-tu jamais aimé? — J'ai aimé un être que je n'ai point possédé et que je ne posséderai jamais, a-t-elle dit, parce qu'il n'existe pas. Tous les hommes que j'ai

essayé d'aimer lui ressemblaient de loin ; mais, vus de près, ils redevenaient eux-mêmes, et je ne les aimais plus du moment où je les connaissais. — Oh! mon Dieu, lui ai-je dit, tu as donc essayé bien des fois? — Oui, bien des fois, m'a-t-elle répondu en riant, et presque toujours mon amour était fini la veille du jour que j'avais fixé pour en faire l'aveu. Deux fois seulement il a été plus loin ; la seconde même il a supporté quelques épreuves assez graves, et, après s'être presque éteint, il s'est parfois presque rallumé, mais pas assez pour employer tout ce que mon âme se sent de force pour aimer. — Ce n'est donc pas par froideur et par impuissance de cœur que tu veux te vouer à la solitude? — Non, c'est tout le contraire; c'est par excès de richesse et d'énergie. Je me sens dans l'âme une soif ardente d'adorer à genoux quelque être sublime, et je ne rencontre que des êtres ordinaires; je voudrais faire un dieu de mon amant, et je n'ai affaire qu'à des hommes.

Alors, la voyant si bien en train de causer, je l'ai interrogée plus particulièrement sur son dernier amour, et lui ai fait beaucoup de questions sur votre caractère. Elle m'a dit que vous étiez le premier des hommes qu'elle ait connus, et le dernier des amants qu'elle ait rêvés. — Mais, m'a-t-elle dit tout à coup, est-ce que Jacques ne t'en a jamais parlé? — Jamais. — Est-ce qu'il ne t'a pas lu quelquefois mes lettres depuis ton mariage? — Jamais. — Il a eu tort, a-t-elle repris; mais toi, ne penses-tu rien de son caractère et de sa figure? Ne l'as-tu jamais vu rôder dans le parc? Ne trouves-tu pas qu'il joue du hautbois avec beaucoup d'expression? — Ah! méchante Sylvia, me suis-je écriée, tu savais donc bien qu'il est ici? — Et que t'a-t-il dit? a-t-elle repris en riant; car il t'a écrit. Alors je me suis jetée dans ses bras, et presque à ses pieds, et je lui ai parlé avec tout le dévouement et toute l'ardeur de l'amitié que je vous ai vouée. En m'écoutant, son visage avait une étrange expression, de plaisir et d'intérêt. Oh! je l'espère, Octave, elle vous aime plus qu'elle ne le dit, plus qu'elle ne le pense. Elle m'interrompit pour me demander quel jour je vous avais vu pour la première fois, et comment vous m'aviez abordée : cela m'embarrassa un peu; cependant je lui racontai à peu près tout, et je lui demandai à mon tour comment elle savait nos relations. — Parce que j'ai vu, par hasard, un billet à ton adresse dans les mains de Rosette, et que j'ai reconnu le caractère de la suscription. Ne pourrais-tu me montrer un de ces billets, a-t-elle ajouté ; je serais curieuse de voir de quelle façon il parle de moi. J'ai couru chercher l'avant-dernier (1), où il est exclusi-

(1) Le lecteur ne doit pas oublier que beaucoup de lettres ont été supprimées de cette collection. Les seules que l'éditeur ait cru devoir publier sont celles qui établissent certains faits et certains sentiments nécessaires à la suite et à la clarté des biographies ; celles qui ne servaient qu'à confirmer ces faits, ou qui les développaient avec la prolixité des relations familières, ont été retranchées avec discernement.

(*Note de l'éditeur.*)

vement question d'elle. Elle l'a lu très-vite, et me l'a rendu en souriant; elle s'est promenée dans l'appartement avec quelque agitation, comme fait Jacques quand il hésite à prendre un parti; puis elle m'a dit, en prenant son bougeoir:—Adieu, Fernande; donne-moi deux ou trois jours pour te répondre touchant ce que je compte faire d'Octave; pour aujourd'hui, je souhaite qu'il dorme aussi bien que moi. Mais, quoiqu'elle affectât un ton moqueur, il y avait sur son visage un rayonnement inaccoutumé. Elle m'embrassa si affectueusement, et me dit des choses si bonnes et si tendres pour mon compte, que je la crois enchantée de ma conduite; elle ne demandait qu'à écouter votre avocat pour vous absoudre. Espérez, Octave, espérez; à présent qu'elle sait nos manœuvres, il est inutile que nous nous voyions à son insu. Attendons un peu; si je vois que sa miséricorde fasse d'heureux progrès, je vous ferai venir ici, et vous vous jetterez à ses pieds. Mais je crois qu'elle veut consulter Jacques auparavant; laissez-la faire, puisque cela est inévitable. O mon ami! que je serais fière et heureuse si je réussissais à vous rendre le bonheur! Est-il encore possible pour moi? La conduite froide de Jacques à mon égard me désespère et me décourage presque d'aimer. Je tâcherai de vivre d'amitié; votre joie remplira mon âme et me tiendra lieu de celle que je ne goûte plus.

XXXI

DE SYLVIA A JACQUES.

Je te l'ai dit, Jacques, tu t'es trompé; Fernande est pure comme le cristal; le cœur de cet enfant est un trésor de candeur et de naïveté. Pourquoi t'es-tu fait tant souffrir? Ne sais-tu pas qu'en de certaines occasions il faut refuser le témoignage même des yeux et des oreilles? Pour moi, il y a encore des circonstances inexplicables dans cette aventure : celle du bracelet, par exemple. Je n'ai pu trouver un moyen d'interroger Fernande à cet égard; il eût fallu laisser comprendre tes remarques et tes soupçons, et il ne faut pas que Fernande se doute jamais que tu l'as condamnée sans l'entendre. Mais comme son innocence dans tout le reste est aussi évidente pour moi que le soleil, aussi prouvée que l'existence du monde, je crois pouvoir assurer que tu t'es trompé en croyant entendre le mot de *bracelet*, et que la marque du bijoutier n'a jamais existé que sur l'un des deux ; s'il y a quelque mystère à cet égard entre eux, sois sûr qu'il est aussi puérilement innocent que le reste. Reviens, je te raconterai tout, je te donnerai sur tout les explications les plus satisfaisantes. Je sais ce qu'ils s'écrivaient, j'ai vu les lettres ; je sais ce qu'ils se disaient, Fernande m'a tout dit avec candeur : ce sont deux enfants. Fernande eût agi d'une manière imprudente avec un autre homme qu'Octave ; mais Octave a l'ingénuité et toute la loyauté d'un Suisse. Reviens, nous parlerons de tout cela. Ne me demande pas pourquoi je ne t'ai pas dit qu'Octave était ici ; je le savais, je l'avais reconnu sous un déguisement à la dernière chasse au sanglier que nous avons faite. Il eût fallu, pour te faire comprendre sa conduite étrange et romanesque, t'avouer que je t'avais fait un petit mensonge en te disant qu'Octave avait renoncé à moi, et que nos liens étaient rompus d'un mutuel accord. Il est bien vrai que j'avais rompu les miens, mais sans le consulter et sans savoir à quel point il souffrirait de ce parti. Tu me mandais que ma présence te devenait nécessaire. J'aimais encore Octave, mais sans enthousiasme et sans passion. Ce que j'aime le mieux au monde, c'est toi, Jacques, tu le sais ; ma vie t'appartient : je te dois tout, je n'ai pas d'autre devoir, pas d'autre bonheur en ce monde que de te servir. J'ai donc quitté Genève sans hésiter, et, pour prévenir des explications inutiles et pénibles, je suis partie sans voir Octave et sans lui

4.

faire d'adieux. Je savais que cette nouvelle séparation lui ferait beaucoup de mal ; je savais que mon affection ne pouvait jamais lui faire de bien, et qu'il souffrirait moins, s'il parvenait à y renoncer, que s'il continuait cette lutte entre l'espoir et le découragement, à laquelle il est livré depuis plus d'un an. Je croyais que cette rupture serait d'autant plus facile que je ne lui disais point où j'allais, et que le temps qu'il perdrait à me chercher serait autant de gagné pour se consoler. Je t'ai dit qu'il m'avait laissé partir sans regret, parce que tu te serais imaginé que je venais de te faire un sacrifice, et cette idée aurait gâté le bonheur que tu éprouvais à me voir. Non, ce n'était pas un sacrifice bien grand, mon ami ; je n'ai réellement plus d'amour pour Octave. Il est vrai qu'il m'est cher encore comme un ami, comme un enfant adoptif, et que, dans le secret de mon cœur, j'ai pleuré sa douleur et demandé à Dieu de l'alléger en me la donnant ; mais combien je suis dédommagé aujourd'hui de ces peines secrètes, en voyant que je te suis utile, et que j'ai fait quelque bien à Fernande !

D'ailleurs, tout est réparé : Octave a découvert ma retraite ; il est venu chanter et soupirer sous mon balcon, comme un amant de Séville ou de Grenade ; il a conté ses chagrins à Fernande, et l'a conjurée d'intercéder pour lui. Que pourrais-je refuser à Fernande ? Reviens ; et, pour que les choses se passent convenablement, charge-toi de nous présenter l'un à l'autre et de l'inviter à demeurer quelque temps avec nous. Je prends sur moi de le faire partir sans cris et sans reproches, car je ne prévois pas que l'envie me vienne de vous quitter pour le suivre.

XXXII

DE SYLVIA A OCTAVE.

Vous êtes un fou, et vous avez failli nous faire bien du mal. Ne vous voyant plus reparaître, j'avais espéré que vous étiez parti ; tandis que vous vous amusiez à jouer avec le repos et l'honneur d'une famille. Êtes-vous si étranger aux choses de ce monde? Vous qui me reprochez sans cesse de mépriser trop le côté réel de la vie, ne savez-vous pas que la plus pure des relations entre un homme et une femme peut être mal interprétée, même par les personnes les plus douces et les plus honnêtes? Vous qui m'avez blâmée avec tant d'amertume, quand j'exposais ma réputation aux doutes des indifférents, par une conduite trop indépendante, comment êtes-vous assez irréfléchi ou assez égoïste pour exposer aujourd'hui Fernande aux soupçons de son mari? Heureusement il n'en a point été ainsi, et Jacques ne s'est aperçu de rien ; mais j'ai découvert les enfantillages de votre conduite. Tout autre que moi aurait jugé sur les apparences ; heureusement je vous sais honnête homme, et je connais la sainteté du cœur de Fernande. Mais que doivent penser les domestiques et les paysans que vous mettez dans la confidence de vos rendez-vous puérils ? L'homme chez qui vous demeurez, et la femme de chambre qui accompagne Fernande aux Quatre-Sentiers, croyez-vous qu'ils jugent vos entretiens innocents, et qu'ils gardent bien scrupuleusement le secret ? Tous ces mystères sont inutiles : que ne m'écriviez-vous directement ? Ou, si vous pensiez avoir besoin d'un avocat, que ne vous adressiez-vous à Jacques, qui a pour vous de l'amitié, et qui a sur mon esprit bien plus d'influence que Fernande ? Je ne conçois pas cette niaiserie de n'oser pas vous présenter vous-même ; il faut promptement terminer et réparer vos imprudences. Habillez-vous comme tout le monde demain, et venez dîner avec nous. Jacques vous invitera à passer quelque temps au château ; vous devez accepter. Mais écoutez, Octave.

Je n'ai point d'amour pour vous ; j'ai cru en avoir autrefois ; peut-être même en ai-je eu. Depuis longtemps je ne sens plus que de l'amitié dans mon cœur ; n'en soyez pas blessé, et croyez que ce que je vous ai dit est très-réel et très-sincère. Je n'ai d'amour pour aucun autre, et je ne crois pas en avoir jamais. Cessez d'attribuer à un caprice ou à une tristesse passagère la résolution que j'ai prise de ne plus être votre maîtresse. Les embrassements de l'amour ne sont beaux qu'entre deux êtres qui le ressentent ; c'est profaner l'amitié que de les lui imposer. Quels plaisirs purs pourriez-vous goûter dans mes bras désormais, sachant que je ne vous y reçois que par dévouement? Cessez donc d'y songer, et soyons frères. Je ne vous retire qu'un plaisir devenu stérile; ce n'est pas moi, c'est vous qui avez détruit ce que vous m'inspiriez d'enthousiasme et de passion. Mais ne revenons pas sur d'inutiles reproches ; ce n'est pas votre faute si je me suis trompée. Je puis vous dire que l'amitié et l'estime ont survécu dans mon âme à l'amour, et que rarement une femme peut rendre ce témoignage à l'homme qu'elle connaît aussi intimement que je vous connais. Si vous dédaignez mon amitié, et si vous la refusez, il est inutile de rester longtemps ici; quelques jours suffiront pour réparer vos étourderies; si vous l'acceptez, au contraire, nous serons tous heureux de vous garder parmi nous le plus que nous pourrons, et la tendresse de mon affection fraternelle s'efforcera de vous faire oublier la dureté de ma franchise.

XXXIII

DE JACQUES A SYLVIA.

Je serai demain auprès de toi ; aujourd'hui je suis malade. Je me suis senti comme foudroyé par la fièvre en lisant ta lettre ; jusque-là j'étais si agité que je ne sentais pas mon mal. Aussitôt que mon être moral a été guéri, mon être physique s'est aperçu du choc terrible qu'il avait reçu, et il a semblé vouloir se dissoudre ; pendant quelques heures j'ai cru que j'allais mourir, et je songeais à te faire appeler quand une saignée, que le barbier du village voisin m'a faite à propos, est venue me soulager ; je serai tout à fait bien demain. Ne prends point d'inquiétude et ne dis rien à Fernande.

Je l'ai accusée injustement, j'ai été coupable envers elle. Je ne lui en demanderai point pardon, ces sortes d'aveux aggravent le mal ; mais je réparerai ma faute. Je sens que mon affection pour elle n'a rien perdu de sa ferveur, et que la souffrance n'a point affaibli les facultés aimantes de mon cœur. J'ignore si je puis encore appeler amour le sentiment que Fernande a pour moi, j'en doute ; car elle a bien souffert de cet amour, et je ne crois pas qu'elle puisse, comme moi, souffrir sans se dégoûter. Pour moi, il me semble que je suis le même qu'au jour où je l'ai pressée dans mes bras pour la première fois ; la même chaleur sainte et bienfaisante entretient la jeunesse de mon cœur ; je suis aussi dévoué, aussi sûr de moi, aussi calme pour supporter les douleurs journalières qu'engendre l'intimité. Je ne sens pas la moindre amertume contre le passé, pas le moindre ennui du présent, pas le moindre découragement devant l'avenir ; oui, je l'aime encore comme je l'aimais ; seulement je suis un peu moins heureux.

Octave me paraît fort extravagant en tout ceci ; mais c'est peut-être son caractère ; alors, il n'y a pas de reproche à lui faire. Tu as raison de penser qu'il faut couper court promptement à ce manége puéril, et réparer, aux yeux de nos gens, le mauvais effet qu'il a dû produire. Il n'y a pas d'explication possible à leur donner ; il y en aurait, qu'il ne faudrait pas en prendre la peine. Mais une prompte *bonne intelligence* entre nous quatre, et Octave assis à notre table pendant une ou plusieurs semaines, répondront victorieusement à tous les mauvais commentaires.

Tu t'excuses de m'avoir caché ton sacrifice ; car

c'en était un, Sylvia. Je connais ton cœur; je sais ce que ton noble orgueil et ta paisible fermeté cachent de tendresse et de compassion ; je sais que tu as dû pleurer les larmes d'Octave, et que tu ne l'as pas affligé sans déchirer ton âme. Tu dis que ce que tu as de plus cher au monde, c'est moi. Bonne Sylvia! ce que tu as de plus cher au monde, tu ne l'as pas encore rencontré. Le rencontreras-tu jamais? et, si cela arrive, sera-ce pour ton bonheur ou pour ton malheur?

Quant à Octave, je te supplie d'avoir beaucoup de douceur et de bonté avec lui; il est bien assez à plaindre de ne pouvoir être aimé de toi; épargne-lui les reproches. Pour moi, quelque étrange qu'ait été son procédé en s'adressant à ma femme plutôt qu'à moi, je lui témoignerai l'amitié et l'estime qu'il mérite. A demain donc! Tu m'as sauvé, Sylvia; sans toi je partais, j'abandonnais Fernande; j'étais à jamais criminel et malheureux. Pauvre Fernande! brave Sylvia! oh! je vais être encore bien heureux, je le sens. Et mes enfants que je croyais ne plus revoir que dans cinq ou six ans, mes chers enfants que je vais couvrir de douces larmes!

XXXIV

DE FERNANDE A CLÉMENCE.

Pour le coup, mon amie, je ne puis ni me fâcher, ni m'affliger de ta lettre : elle est burlesque, voilà tout. Je suis tentée de croire que tu es gravement malade, et que tu m'as écrit dans l'accès de la fièvre. S'il en était ainsi, je serais bien triste, et je souhaite me tromper, d'autant plus que je ne voudrais pas perdre une si bonne occasion de rire. L'immuable raison et l'auguste bon sens ont donc aussi leurs jours de sommeil et de divagation ! Chère Clémence, ton état m'inquiète, et je te conjure de donner ton pouls au médecin.

Malgré tous tes beaux pronostics et tes obligeantes condamnations, rien de ce que tu as prévu n'est arrivé. Je ne suis pas plus amoureuse de M. Octave que M. Octave n'est amoureux de moi. Nous nous aimons beaucoup et très-sincèrement, il est vrai; mais je n'ai d'amour que pour Jacques, et Octave n'a d'amour que pour Sylvia. Il la connaissait si bien, et il m'avait si peu trompée, que Sylvia m'a confirmé mot pour mot tout ce qu'il m'avait dit de leurs amours et de leurs querelles. J'ai obtenu qu'on lui rendît au moins son amitié, et ce matin Jacques m'a aidé à les réconcilier. J'étais un peu inquiète de Jacques, qui a passé quatre jours à la ferme de Blosse, et qui ne m'a pas écrit pendant tout ce temps, bien qu'il envoyât tous les jours un courrier à Sylvia; enfin, ils m'ont avoué ce matin que Jacques avait été très-malade, et presque mourant pendant plusieurs heures; il est encore d'une pâleur mortelle. Jamais je ne l'ai vu si beau qu'avec cet air abattu et mélancolique. Il y a dans ses manières une langueur, et dans ses regards une tendresse qui me rendraient folle de lui, si je ne l'étais déjà. Mais je te demande pardon; cela est en contradiction ouverte avec ce que ta sagesse et ta pénétration ont décrété. Heureusement Jacques n'a pas apposé sa signature à ces majestueux arrêts, et jamais je ne l'ai vu si expansif et si tendre avec moi. En vérité, les beaux jours de notre passion sont revenus, ne t'en déplaise, ma chère Clémence.

Pour continuer ce récit, je te dirai donc que j'avais donné rendez-vous à Octave, et que, pendant le déjeuner, le son du hautbois s'est fait entendre sous la fenêtre. Il fallait voir la figure des domestiques ! — Le revenant, le revenant en plein jour ! disaient-ils d'un air stupéfait. — Allons, Fernande, m'a dit Jacques en souriant, va chercher ton protégé ! Et, comme Octave achevait son chant, Sylvia et mon mari ont battu des mains en riant. J'ai quitté la table et j'ai mis ma serviette sur la tête d'Octave pour en faire un revenant. Il est entré ainsi d'un air mystérieux, et je l'ai conduit aux pieds de Sylvia, qui lui a découvert la figure, et lui a donné un soufflet sur une joue et un baiser sur l'autre. Jacques l'a embrassé et l'a invité à rester avec nous tant qu'il voudrait, en lui promettant de rendre Sylvia plus humaine pour lui. Octave était ému et timide comme un enfant; il s'efforçait d'être gai, mais il regardait Sylvia avec une expression de crainte et de joie. Moi, qui ai bonne espérance de tout cela, et qui ai trouvé aujourd'hui Jacques si aimable pour moi, j'étais transportée au point de pleurer comme une niaise à chaque mot qu'on disait de part et d'autre. Enfin, nous avons fait déjeuner Octave, qui n'avait pas mangé de la journée, et qui s'est mis à dévorer. Il était assis entre Sylvia et moi; Jacques fumait près de la fenêtre, et nous ne nous parlions plus qu'avec les yeux. Mais que de joie et de bien-être nous avions tous dans le cœur ! Sylvia plaisantait un peu Octave sur ce grand appétit, qui n'avait rien, disait-elle, du

héros de roman. Il s'en vengeait en lui baisant les
mains, et, de temps en temps, il pressait la mienne; il
me l'a baisée aussi en se levant de table, et Jacques,
s'approchant de nous, lui a dit en m'embrassant: « Je
vous remercie d'avoir de l'amitié pour elle, Octave!
c'est un ange, et vous l'avez deviné. » Le reste de la
journée s'est passé à courir et à faire de la musique.
Le berceau de mes enfants est toujours auprès de nous,
que nous nous mettions au piano ou que nous soyons
assis dans le jardin. Octave a comblé mes jumeaux de
caresses et de petits soins; il aime les enfants à la folie,
et trouve les miens charmants; il les endort au son du
hautbois d'une manière *magique*, comme tu dis, et
Jacques se plait beaucoup à voir opérer le magicien.
Enfin, nous avons eu un jour bien beau et bien pur.
Nous allons avoir, j'espère, une vie un peu différente
de celle que, dans ta riante imagination, tu m'avais
préparée. Je suis vraiment désolée d'avoir à te contrarier, ma bonne Clémence, en te déclarant que cette
fois ton grand savoir est en défaut, et que je ne suis
pas encore perdue. Je te remercie de l'arrêt irrévo-
cable par lequel tu me condamnes à l'être avant peu;
la prédiction me parait charitable et l'expression fort
belle; mais je te demanderai la permission d'attendre
encore quelques jours avant de me laisser choir dans
le précipice. Et toi, Clémence, quand te maries-tu?
Est-ce que tu ne t'ennuies pas un peu du célibat? Es-tu
toujours bien contente d'être au couvent à vingt-cinq
ans? N'est-ce pas une bien belle chose d'être veuve,

indépendante et sans amour? J'envie ton sort! tu ne te *perdras* pas; tu t'es mise derrière la grille et sous les verrous pour être plus sûre de ton bonheur et de ta vertu : tu sais qu'ainsi gardés ils ne s'échapperont pas. Permets-moi d'aimer encore mon mari quelques années avant d'entrer dans cette auguste permanence. Adieu, ma belle; bien du plaisir. Je vais tâcher de prendre goût à ton sort, et de me détacher des affections humaines, pour entrer dans l'impassibilité du néant intellectuel.

XXXV

D'OCTAVE A HERBERT.

Je ne sais pas trop ce qui se passe dans ma tête : je ne dors pas, j'ai la fièvre, je suis comme un homme qui commence à s'enamourer; mais de qui serais-je amoureux, si ce n'est de Sylvia? Pourtant je n'en sais rien : je vis auprès de deux femmes charmantes, et il me semble être également épris de toutes deux. Je suis ému, content, actif; je m'amuse de tout; j'ai des envies de rire comme un enfant et des envies de gambader comme un jeune chien. Peut-être que j'ai enfin trouvé la manière de vivre qui me convient. Ne rien faire d'obligatoire, m'occuper doucement de dessin et de musique, habiter un beau et tranquille pays avec d'aimables amis, aller à la chasse, à la pêche, voir autour de moi des êtres heureux du même bonheur et épris des mêmes goûts ; oui, cela est une douce et sainte vie.

Je t'avouerai que je commençais à devenir sérieusement amoureux de Fernande lorsque heureusement Sylvia a découvert le roman et l'a terminé avec quelques reproches et une poignée de main. Elle a bien fait : ce roman me montait trop au cerveau ; ces rendez-vous, ces forêts, ces nuits d'été, ces billets, ces douces confidences, Fernande affligée de la froideur de son mari, et répandant ses belles larmes dans mon sein, tout cela devenait trop enivrant pour ma pauvre tête ; je ne pensais pas plus à Sylvia que si elle n'eût jamais existé, et je fuyais toutes les occasions de réussir dans ma prétendue entreprise. Je ne saurais avoir beaucoup de remords de toutes les folies qui m'ont passé par l'esprit durant ces jours de bonheur et d'imprudence. Quel autre à ma place n'eût fait pis ? Mais je suis un scélérat fort ingénu, et je trouve mon bonheur dans la pensée et dans l'espoir du crime plutôt que dans le crime lui-même. J'ai horreur des plaisirs qu'il faut acheter par des perfidies et payer par des remords. Attirer Fernande à un rendez-vous et baiser doucement ses mains, en m'entendant appeler son ami et son frère, me semblait beaucoup plus agréable que de recevoir les embrassements de la passion et du désespoir... Je n'ai jamais séduit personne, et je ne crois pas que les reproches et les terreurs d'une femme rendent bien heureux ; et puis il y a un étrange plaisir à protéger et à respecter une pudeur qui se confie et s'abandonne à vous ! L'idée que j'étais le maître de bouleverser cette âme naïve et de ravir ce trésor suffisait à mon orgueil ; je goûtais un raffinement de vanité à la voir se livrer et à ne pas vouloir abuser de sa confiance.

Cependant je commençais à être trop ému ; je ne savais plus ce que je disais, et si Fernande n'a pas deviné ce qui se passait en moi, il faut qu'elle soit aussi pure qu'une vierge. Je crois, en effet, qu'elle est ainsi, et cela augmente mon respect, mon enthousiasme, dirai-je mon amour ? Eh bien ! oui, pense de moi ce que tu voudras, je suis amoureux d'elle au moins autant que de Sylvia. Qu'est-ce que cela fait ? je ne serai plus l'amant de Sylvia, et je ne chercherai jamais à être celui de Fernande. Sylvia m'a déclaré formellement, clairement et obstinément, que nous serions désormais amis, et rien de plus. Je ne sais si c'est un parti pris ou une épreuve à laquelle elle veut me soumettre ; pour moi, je suis un peu las de ces caprices, et je sens que le dépit m'aidera puissamment à m'en consoler. Ce qu'il y a de certain, c'est que Sylvia se trompe si elle me croit d'humeur à accepter son pardon plus tard ; je renonce à son amour, et le mien achèvera de s'éteindre avant qu'elle ait pris soin de le rallumer.

Malgré cette passion étrange, et les rapports un peu problématiques que nous avons ensemble, il est impossible d'avoir une existence plus douce que la nôtre. Jacques, Sylvia et Fernande sont des amis d'élite certainement, des intelligences pures et dégagées de tous les préjugés, de toutes les considérations étroites et vulgaires. Sylvia va trop loin dans cette indépendance pour rendre un amant heureux; mais, à ne la contempler qu'à la lumière de l'amitié, c'est un être d'une originalité sublime. Jacques a beaucoup de ses idées et de ses sentiments, mais il est moins absolu, et son caractère est plus aimable et plus doux; je ne le connaissais pas, je l'avais mal jugé. La manière dont il m'a accueilli, la confiance qu'il me témoigne, la loyauté avec laquelle il accepte ma prétendue amitié pour sa femme, ont quelque chose de si noble et de si grand, que je me mépriserais du jour où je songerais à le trouver ridicule. Trahir cette confiance, c'est une idée qui me fait horreur, une tentation que je n'ai pas besoin de combattre. L'amour que Fernande a pour lui, et que j'admire comme un des côtés les plus divins de son âme, suffit pour la préserver à jamais. Je ne sais pas comment je ferai pour me séparer d'elle, pour renoncer à passer mes jours à ses côtés; mais il est certain que je m'en séparerai sans lui laisser d'amertume, et sans emporter de remords.

Je voudrais trouver un moyen de m'établir dans leurs environs et de les voir tous les jours sans demeurer chez eux, et sans dépendre d'un caprice de Sylvia, qui peut m'éloigner demain du toit qu'elle habite, sans que j'aie rien à dire, puisque je suis censé n'y être que pour elle et d'après sa permission. Il y a une jolie petite maison, qui a servi autrefois de presbytère, et qui est dans une situation délicieuse, à une demi-lieue dans la montagne; si je pouvais faire déguerpir le vieux militaire qui l'occupe, en lui payant le double de son loyer, je serais le plus heureux et le mieux logé des hommes. Envoie-moi une petite somme que mon régisseur te portera, et toute la musique qui est dans ma chambre. Si je m'établis dans mon presbytère, je veux que tu viennes passer le reste de la belle saison avec moi. Tu es un peu amoureux de Sylvia, quoique tu ne t'en sois jamais vanté. Nous vivrons tous deux de chasse, de pêche, de musique et d'amour contemplatif.

XXXVI

DE FERNANDE A CLÉMENCE.

Non, mon amie, non, je ne suis pas en colère; il est possible que j'aie eu un moment d'aigreur et d'ironie en te répondant; ta lettre était si dure et si cruelle! mais je te jure que la mienne a suffi pour épancher tout mon dépit, et qu'après l'avoir écrite je n'ai pas plus pensé à notre querelle que s'il ne se fût rien passé. Si j'ai été trop loin dans ma réponse, pardonne-moi, et, une autre fois, ménage-moi un peu plus. Vraiment, je n'avais pas mérité des leçons si dures; je m'étais conduite un peu follement, il est vrai, mais mon cœur était resté si étranger aux sentiments que tu me supposes, que cette fois je ne pouvais accepter ton arrêt comme une vérité utile. Il me semblait voir dans ta manière de me traiter une sorte de mépris que je ne pouvais pas et que je ne devais pas supporter.

Pour l'amour de Dieu, n'en parlons plus jamais! Tu m'as boudée bien longtemps, et tu as attendu trois lettres de moi pour me dire enfin que tu étais fâchée. J'espère que tu verras dans ma persévérance à t'écrire une amitié à l'épreuve des mortifications de l'amour-propre; il en doit être ainsi. Oublie donc toute rancune, et reviens à moi comme je reviens à toi, sincèrement et avec joie.

Tu me montres tant d'indifférence, et tu te déclares si étrangère désormais à ce qui me concerne, que je n'ose presque plus t'en parler. Cependant je veux te forcer à reprendre notre correspondance telle qu'elle était. Il m'était si agréable de te raconter toute ma vie, semaine par semaine! Il me semblait avoir allégé mes chagrins de moitié quand je te les avais confiés; il est vrai qu'à présent je n'ai plus de chagrins. Jamais je n'ai été plus heureuse et plus tranquille. Toutes les petites blessures que nous nous faisions, Jacques et moi, sont à jamais cicatrisées; rien ne nous fait plus souffrir; nous nous entendons sur tout, nous nous devinons. J'étais bien coupable envers lui, et je ne conçois plus comment j'ai pu l'accuser si souvent, lui qui n'a qu'une pensée et qu'un vœu dans l'âme, mon bonheur. Tout cela me semble un rêve aujourd'hui, et je ne peux m'expliquer ce que j'étais alors; peut-être que nous étions trop seuls vis-à-vis l'un de l'autre et trop inoccupés. Un peu de société et de distraction est nécessaire à mon âge, et même à celui de Jacques; car il est aussi plus heureux depuis que nous vivons en famille. Je t'ai dit qu'Octave s'était installé à une demi-lieue d'ici, dans une petite habitation charmante, où nous allons tous lui demander à déjeuner une ou deux fois par semaine. Pour lui, il vient tous les jours nous trouver. Il a eu cet été, pendant deux mois, un de ses amis, M. Herbert, un brave Suisse plein de franchise et de douceur. Nous ne faisions que chasser, manger, rire, aller en bateau, chanter ; et quelles bonnes nuits de sommeil après toute cette fatigue et cette gaieté! Sylvia est l'âme de nos plaisirs. Je ne sais dans quels termes elle est avec Octave; il ne se plaint pas d'elle, et, quoiqu'ils se prétendent amis seulement, je crois fort qu'ils sont plus amants que jamais. Sylvia devient tous les jours plus belle et plus aimable ; elle est si forte, si active, qu'elle nous entraîne dans son activité comme dans un tourbillon. Elle est toujours éveillée la première, et c'est elle qui arrange la journée et décrète nos amusements ; elle en prend si bien sa part qu'elle nous force à nous amuser autant qu'elle. Jacques, avec son sang-froid, est le plus comique et le plus amusant de nous tous; il fait toutes sortes de drôleries et d'espiègleries avec une gravité imperturbable, et sa manière d'être fou est si douce, si gentille et si peu bruyante qu'on ne s'en lasse jamais. Octave est plus turbulent, il est si jeune! il saute, il court, il joue dans nos prés comme un poulain échappé. Son ami Herbert, quand il était ici, était chargé de la lecture pendant que nous dessinions ou que nous brodions, les jours de pluie ou de trop grande chaleur. Au milieu de ce bonheur, mes enfants poussent comme de petits champignons ; c'est à qui les aimera le plus. Jamais je n'ai vu d'enfants si gâtés et si caressés ; Octave est celui de tous que ma fille préfère ; il se couche par terre sur le tapis où elle se roule au soleil, et, pendant des heures entières, elle s'amuse à passer ses petites mains dans les longs cheveux blonds de son ami. Sylvia est la favorite de mon fils ; elle le tient sur ses genoux et joue du piano avec une main, et il l'écoute comme s'il comprenait le langage des notes ; de temps en temps, il se tourne vers elle avec un sourire d'admiration, et cherche à parler, mais il ne fait entendre que des sons inarticulés, qui, au dire de Sylvia, sont des réponses très-précises et très-logiques au langage du piano. Il faut voir ses interprétations et la traduction qu'elle fait de ses moindres gestes, et le sérieux, le recueillement avec lequel Jacques écoute tout cela. Ah ! nous sommes bien enfants, tous, et bien heureux !

Depuis qu'Herbert est parti, et que le froid commence à se faire sentir, nous sommes un peu plus sédentaires. Nous avons encore, pourtant, de belles journées d'automne, et nos soirées ont pris une tournure de mélancolie délicieuse. Sylvia improvise au piano, et, pendant ce temps, nous sommes assis tout pensifs autour de l'âtre où petille le sarment. Sylvia ne s'approche jamais du feu ; elle est d'un tempérament sanguin, et craint toujours que le sang ne lui monte à la tête. Mon vieux fumeur de Jacques va et vient par la chambre, et de temps en temps donne un baiser à sa sœur et à moi; puis il tape sur l'épaule d'Octave en lui disant : — Est-ce que tu es triste? Octave relève la tête, et nous nous apercevons quelquefois que son visage est couvert de larmes. C'est l'effet des improvisations étranges et tour à tour tristes et folles de Sylvia. Alors Jacques et Octave se racontent les divers rêves poétiques qu'ils ont faits pendant le chant et les modulations du piano. Il est étrange de voir comme les mêmes notes et les mêmes sons agissent différemment sur les nerfs de chacun d'eux: quelquefois Jacques est à cheval sur la bête de l'Apocalypse, quand Octave est endormi sur la paille d'une prison; d'autres fois c'est Jacques qui est atterré de tristesse dans quelque désert épouvantable, tandis qu'Octave vole avec les sylphes autour du calice des fleurs, au clair de la lune. Rien n'est plus amusant que d'entendre les fantaisies qui leur passent par l'esprit. Sylvia s'en mêle rarement; c'est la fée qui évoque les apparitions, et qui les contemple sans émotion et en silence, comme des choses qu'elle est habituée à gouverner. Ce qui l'amuse le plus, c'est de voir l'effet de la musique sur le chien de chasse d'Octave, et d'interpréter les singuliers gémissements qui lui échappent à de certaines phrases d'harmonie; elle prétend qu'elle a trouvé l'accord et la combinaison des sons qui agissent sur la fibre de ce vaporeux animal, et que ses sensations sont beaucoup plus vives et plus poétiques que celles de ces messieurs. Tu ne saurais t'imaginer combien ces folies nous occupent et nous divertissent. Quand on est plusieurs à s'aimer comme nous faisons, toutes les idées, tous les goûts deviennent communs à tous, et il s'établit une sympathie si vive et si complète, qu'une seule âme semble animer plusieurs corps.

Adieu, mon amie, écris-moi donc; et, comme tu as pris autrefois part à mes chagrins, prends part à ma joie.

TROISIÈME PARTIE.

LETTRE PREMIÈRE.

D'OCTAVE A FERNANDE.

Fernande, je n'en puis plus, j'étouffe ; cette vertu est au-dessus de mes forces, il faut que je parle et que je fuie, ou que je meure à vos pieds : je vous aime, il est impossible que vous ne le sachiez pas. Jacques et Sylvia sont des êtres sublimes, mais ce sont des fous, et moi aussi je suis un insensé, et vous aussi, Fernande. Comment ont-ils pu, comment avons-nous pu croire que je vivrais entre Sylvia et vous sans aimer passionnément l'une des deux ? Longtemps je me suis flatté que je n'aimerais que Sylvia ; mais Sylvia ne l'a pas voulu. Elle m'a repoussé avec une obstination qui m'a rebuté, et mon cœur peu à peu lui a obéi ; il s'est rangé sans colère et sans effort à l'amitié, et il est certain que ce sentiment, entre elle et moi, m'a rendu bien plus heureux que l'amour.

C'est ainsi que j'aurais dû l'aimer toujours, et c'est ainsi que je l'aimerai toute ma vie, avec calme, avec force, avec vénération. Mais vous, Fernande, je vous aime mille fois plus que je ne l'ai jamais aimée, je vous aime avec emportement, avec désespoir, et il faut que je parte! Oh! Dieu! oh! Dieu! pourquoi vous ai-je connue!

Vous me demandez tous les jours pourquoi je suis triste, vous vous inquiétez de ma santé; vous ne comprenez donc pas que je ne suis pas votre frère et que je ne peux pas l'être? Vous ne voyez pas que je bois le poison par tous les pores, et que votre amitié me tue? Que vous ai-je fait pour que vous m'aimiez avec cette tendresse et cette douceur impitoyables? Chassez-moi, maltraitez moi, ou parlez-moi comme à un étranger. Je vous écris dans l'espoir de vous irriter; quelque chose que vous fassiez, quelque malheur qui m'arrive, ce sera un changement; le calme étouffant où nous vivons m'oppresse et me rendra fou. J'ai été longtemps heureux auprès de vous. Votre amitié, qui m'irrite et me fait souffri raujourd'hui, était, dans les premiers mois, un baume divin répandu sur les blessures d'un cœur déchiré. J'étais incertain, agité, plein d'un espoir inconnu, transporté de désirs que je ne savais pas expliquer, et dont le but me semblait être l'éternité avec vous. J'étais si fatigué des choses de la terre, Sylvia m'avait rendu l'amour si fâcheux et si rude dans les derniers temps, et ce que j'avais souffert pour la perdre, la retrouver et la perdre encore m'avait tellement brisé, que je n'espérais presque plus rien en ce monde, et que je me sentais dans une disposition à me nourrir de rêves et de chimères. Il faut que je vous dise toute ma folie : dès que je vous vis, je vous aimai, non d'une amitié paisible et fraternelle, comme je m'en vantais, mais d'un amour romanesque et enivrant. Je m'abandonnai à ce sentiment à la fois vif et pur ; si j'avais été repoussé et contrarié, peut-être serait-il devenu dès lors une passion violente ; mais vous m'accueillîtes avec tant de confiance et d'ingénuité ! Jacques ensuite m'appela si loyalement à partager le bonheur de vous voir tous les jours, que je m'habituai à vous contempler sans oser vous désirer. Je pensais alors que cela me suffirait toujours, ou je me disais du moins que le jour où ce sentiment me ferait trop souffrir, j'aurais toujours la force de m'en aller ; à présent je me sens plus volontiers la force de mourir.

Où est-il ce temps où un baiser sur votre main me rendait si heureux ? où un regard de vous me restait dans les yeux et dans l'âme pour toute une nuit ? Je me confesse à vous, Fernande, je vous possédais dans mon sommeil, et cela me suffisait. L'amour, encore mal éteint, que j'avais eu pour Sylvia se rallumait de temps en temps, et je donnais le change à mon cœur, selon les circonstances qui me rapprochaient d'elle ou de vous plus intimement. Combien de fois j'ai pressé dans mes bras un fantôme qui avait vos traits et les siens, et dont la longue chevelure d'ébène, mêlée à des flocons de soie dorée, reposait éparse sur mon cœur et sur mes épaules! Dans le délire de ces nuits heureuses, je vous appelais tour à tour, j'invoquais l'affection de l'une de vous, et il me semblait vous voir toutes deux descendre du ciel et me donner un baiser au front; mais insensiblement les traits de Sylvia s'effacèrent, et le fantôme ne m'apparut que sous les vôtres. Quelquefois encore, par habitude, par effroi, par remords peut-être, j'appelais l'image de votre compagne, mais elle ne me répondait plus; et vous passiez sans cesse devant mes yeux, comme une révélation de mon destin, comme une prophétie obéissant à l'ordre de Dieu. Alors je m'abandonnai à ma passion, et je commençai à souffrir; mais je vous offrais ma douleur en sacrifice. Je vous voyais éprise de Jacques avec raison, j'estime et je vénère cet homme; pouvais-je désirer lui arracher le bien le plus précieux qu'il ait au monde? J'aimerais mieux l'assassiner. Longtemps cette idée de vertu et de dévouement a soutenu mon courage; je me disais bien qu'il serait plus prudent et plus facile de vous fuir que de me taire éternellement; mais il était trop tard, je ne le pouvais plus; tout me semblait supportable plutôt que de cesser de vous voir. Il y a huit mois que je me tais; j'ai supporté héroïquement ce terrible hiver passé à vos côtés sans distraction et presque tête à tête; car vous ne pouvez pas disconvenir que nous faisons deux à nous quatre : Jacques et Sylvia font un, vous et moi faisons un autre; ils se comprennent en tout, et nous nous comprenons de même. Quand nous sommes tous ensemble, nous sommes comme deux amis qui s'entretiennent de leurs plaisirs et de leurs peines, et qui se révèlent mutuellement ce qu'ils éprouvent et ce qu'ils sont. Vous et moi nous ne nous racontons rien, nous n'avons qu'une âme, et nous n'avons pas besoin de nous exprimer ce que nous sentons en commun. Cette impérieuse et enivrante sympathie dont je m'abreuve en silence, j'ai pourtant besoin de l'épancher. Ce n'est pas par des mots que nous pouvons nous comprendre, ils sont inutiles : nos regards et le battement de nos cœurs se répondent ; mais il faut des embrassements et des étreintes ardentes à ce feu qui s'allume et s'avive chaque jour de plus en plus ; car tu m'aimes, peut-être !... Ah ! pardonnez-moi, Fernande, je deviens fou. Adieu, adieu ! je partirai demain ; ne me méprisez pas ; j'ai fait ce que j'ai pu, mes forces ne vont pas au delà.

II

DE FERNANDE A OCTAVE.

Octave, Octave, que fais-tu? où t'égares-tu? tu es fou, mon ami! Tu es mon frère, tu l'as juré devant Dieu et devant moi; tu ne peux pas te parjurer, tu ne peux pas te souiller à ce point, toi que je connais si noble et si pur. Est-ce que je pourrais t'aimer autrement qu'une sœur aime son frère? Quelles pensées affreuses harcèlent ta pauvre tête? Tu es malade. O mon cher Octave! tu souffres, je le vois; des fantômes évoqués par la fièvre troublent ton sommeil; la raison, la mémoire et le jugement t'abandonnent. Tu crois avoir de l'amour pour moi; et, si j'y répondais, tu aurais horreur de cet amour comme d'un forfait. Non, mon ami, tu ne m'aimes pas comme tu le crois; tu as besoin d'aimer et tu te méprends. C'est Sylvia que tu aimes; et si ce n'est plus elle, c'est un être que tu désires, et qui existe pour toi dans quelque autre lieu où il faut aller le chercher. Oui, tu as raison, pars, voyage; il faut distraire ta folie. Hélas! tu n'as pu vivre ici, et je croyais que nous pouvions vieillir ensemble, et j'étais si heureuse de cette idée! Mais tu guériras et tu reviendras, Octave; tu reviendras avec une compagne digne de toi, et notre bonheur à tous sera plus pur et plus paisible. Tu dis que je dois avoir deviné ton amour; j'aurais vécu mille ans ainsi, près de toi, dans cette confiance sacrée en ta parole, sans jamais songer qu'il te fût possible de te parjurer, même dans le secret de ton cœur. Et, aujourd'hui encore, je suis sûre que tu t'abuses; je contemple ta douleur avec la stupeur et la sollicitude que j'aurais si je te voyais atteint d'un mal subit, d'une attaque de folie, ou de terribles convulsions. Que pourrais-je penser alors? Rien, sinon que ton mal me ferait autant souffrir que toi-même. Comment pourrais-je m'en irriter ou m'en croire coupable? Je te soignerais avec tendresse, j'essayerais de te calmer par de douces paroles, par de saintes caresses, et cela te ferait du bien. Mon ami bien aimé, reviens à toi, reviens à nous; oublie cette funeste secousse. Brûlons ces deux lettres, et qu'il n'en soit jamais question. Tout cela est un rêve; il ne s'est rien passé. Personne n'a entendu les paroles que tu as proférées dans le délire; elles sont ensevelies dans mon cœur, et n'en ont point altéré le calme et la tendresse. Une amitié comme la nôtre peut-elle être brisée par un instant d'erreur et de souffrance? Pars, mon ami; mais reviens sans crainte et sans honte aussitôt que tu seras guéri. Cet éclair n'aura pas laissé de trace sinistre dans notre beau ciel, et tu nous retrouveras tels que tu nous laisses.

III

D'OCTAVE A FERNANDE.

Tu as raison, ma sœur bien aimée, je suis fou ; mon cerveau et mon cœur sont malades ; il faut que j'aie du courage et que je parte. Tu es un ange, Fernande ; quel billet tu m'écris ! Ah ! tu ne sauras jamais le bien et le mal qu'il me fait ; persuade-toi que c'est une maladie, et tâche de me persuader que j'en guérirai et que je pourrai revenir ; car l'idée de te quitter pour toujours est au-dessus de mes forces. Invoque ma parole et la sainteté de nos liens ; invoque le nom respecté et chéri de Jacques ; dis-moi tout ce qu'il faut me dire pour me donner la force dont j'ai besoin. Oh ! je l'aurai, Fernande ; ta douceur et ta compassion nous sauvent tous les deux. Je ne m'étais pas attendu à cette tendresse miséricordieuse avec laquelle tu me plains en me repoussant ; j'espérais que tu me repousserais durement, et que je pourrais t'aimer et t'estimer moins. Alors, malheur à toi ! je serais resté, et j'aurais peut-être réussi à te perdre. Mais que puis-je faire devant une vertu si calme et si compatissante ? Le dernier des lâches tomberait à genoux devant toi, et tu sais que je suis un honnête homme; j'aurai du cœur. Adieu, Fernande; adieu, ma sœur chérie; adieu, mon seul et dernier amour; je deviendrai ce qu'il plaira à Dieu, je guérirai ou je mourrai. Il ne s'agit pas de cela; l'important, c'est que tu restes heureuse et pure; je partirai avec cette idée, et elle me soutiendra.

Il faut que vous me pardonniez un vol que je vous ai fait : le bracelet que vous m'avez jeté par la fenêtre, un soir que vous me prîtes pour Jacques, ne m'a jamais quitté. Celui que vous avez est une copie exacte que j'ai fait faire à Lyon, et que je vous ai rendu pour ne pas vous offenser par ma résistance. Je n'ai pas eu le courage de me séparer de ce premier gage d'une affection qui m'est devenue si nécessaire et si funeste; aujourd'hui que je sens mon cœur criminel, je n'oserais emporter ce bracelet sans votre permission. Vous ne pouvez pas me le refuser, quand je pars peut-être pour toujours. J'accomplis le plus terrible des sacrifices ; serez-vous sans pitié ? Je payerai mon dévouement de ma vie peut-être, et votre générosité ne vous coûtera rien, car personne ne pourra deviner la supercherie. J'ai fait effacer de l'écusson de mon bracelet le chiffre de Jacques qui était enlacé au vôtre, et je l'ai fait remplacer par le mien. Si, à ce moment affreux et solennel où je vous quitte, vous m'accordez ce gage d'amitié et de pardon, il me deviendra plus cher que jamais.

Je dirai ce soir que je pars demain; je trouverai un prétexte; je promettrai de revenir. Soyez tranquille, je ne me trahirai pas. Mais partirai-je sans te dire adieu, sans couvrir tes mains de mes larmes? N'évite pas de te trouver seule avec moi, comme tu fais depuis hier, Fernande; que crains-tu donc? N'es-tu pas sûre de toi? Et si j'avais un instant de faiblesse et de désespoir, ne sais-tu pas qu'avec un mot tu me verrais à tes genoux, le plus silencieux et le plus résigné des hommes? Ah! ne me fuis pas, ne me fais pas souffrir pendant ce dernier jour que je vais passer près de toi. Si mes larmes te font du mal, si mes plaintes te fatiguent, aie du courage aussi; il m'en faut bien davantage pour te quitter. Songe que ta tâche sera finie demain, et que la mienne va commencer, affreuse, éternelle! Songe que je suis sur les marches de l'échafaud, et que Dieu te tiendra compte d'une parole de miséricorde que tu m'auras accordée en m'envoyant au martyre.

IV

D'OCTAVE A FERNANDE.

O mon ange, ô ma bien-aimée, nous sommes sauvés ! que Dieu te couvre de ses bénédictions, ô la plus pure et la plus sainte de ses créatures ! Oui, tu as raison, on a la force qu'on veut avoir, le ciel n'abandonne point au danger ceux qui se recommandent à lui dans la sincérité de leur cœur. Que serais-je devenu loin de toi ? Mon âme se serait souillée de regrets, de fureur, de projets, et peut-être d'entreprises insensées, pour te retrouver et te ressaisir; tandis que tu m'aideras à être vertueux et tranquille comme toi. Le continuel spectacle de ta sérénité angélique fera passer le même calme dans mon cœur et dans mes sens. J'étais perdu si tu me retirais ta main secourable; laisse-moi la coller à mes lèvres, et qu'elle me conduise où elle voudra. Je suis résigné à tous les sacrifices; je me tairai et je guérirai. Et ne suis-je pas déjà guéri? n'ai-je pas fait l'essai de mes forces durant ces heures de la nuit que tu m'as laissé passer dans ta chambre? J'étais fou quand je me suis levé pour t'aller dire adieu. Et ce Jacques que le hasard fait partir précisément hier soir, au milieu du plus terrible accès de ma fièvre et de mon égarement! Ah! c'était la volonté de la Providence. Si tu avais refusé de me voir, j'enfonçais ta porte; je ne savais plus ce que je faisais; mais tu m'as ouvert, et tu as bien fait. Est-ce qu'il y a au monde un emportement, un délire qui puisse résister à la sainte confiance d'un être aussi chaste, aussi divin que toi? Tu ne dormais pas non plus, ô mon enfant chéri! tu n'étais pas même déshabillée, et tu priais pour moi! Ange du ciel, Dieu t'a exaucée! Quand je t'ai vue si belle, si candide, avec ta robe blanche et tes cheveux blonds épars sur tes épaules, avec ton sourire affectueux sur les lèvres, et tes grands yeux encore humides des larmes que tu avais versées pour moi, il m'a semblé voir une vierge de l'Élysée, et je suis tombé à tes pieds comme devant un autel. Oh! comme tu as écouté ma douleur, comme tu as essuyé mes larmes avec une ineffable tendresse! et tu m'embrassais en pleurant toi-même, ô sublime imprudente! Mais quel être immatériel es-tu donc? et quelle puissance divine as-tu reçue d'en haut pour calmer les fureurs du désespoir avec les caresses qui devraient les allumer? Tes lèvres étaient si fraîches sur mon front! il me semblait qu'un baume ineffable passait dans toutes mes artères, et que mon sang devenait aussi pur, aussi paisible que celui de tes enfants endormis auprès de nous. Oh! qu'ils sont beaux tes enfants, et combien je les aime! Il y a déjà sur le visage de ta fille un reflet de ton âme virginale. Je te l'aurais enlevée, si tu m'avais chassé; je n'aurais pu abandonner ce berceau où je l'ai endormie si souvent; mon âme se brisait à l'idée de vivre seul et abandonné, moi qui, depuis huit mois, vis d'affections ineffables. Avec toi, mon plus précieux trésor, que de biens j'allais perdre : l'amitié de Sylvia qui est si grande, si éclairée, si belle! et celle de Jacques que je payerais de mon sang! Où aurais-je retrouvé des cœurs semblables? Qui m'aurait fait une vie supportable loin de vous tous?

Bénie sois-tu, ma Fernande; tu n'as pas voulu mon désespoir, et quand je t'ai demandé si tu croyais qu'il nous fût possible de vivre l'un près de l'autre sans danger, c'est Dieu qui a dicté ta réponse. Ah! ce *oui!* comme tu l'as dit avec enthousiasme et avec confiance! il m'a frappé d'une commotion électrique; je m'attendais si peu à cette parole d'encouragement et de pardon! Un instant, un mot a suffi pour faire de moi un autre homme. Puisque tu es sûre de moi, je le suis aussi; c'était une lâcheté de fuir quand je pouvais me vaincre, et d'ailleurs est-ce donc si difficile? Je ne conçois plus pourquoi j'ai été en proie à ces agitations frénétiques; c'est que le danger est toujours plus terrible de loin que de près; c'est que d'ailleurs, quand je croyais pouvoir succomber et t'entrainer avec moi, je ne te connaissais pas ; je te prenais pour une femme comme les autres, et tu es une divinité qu'aucune souillure humaine ne peut atteindre. Je ne pouvais m'imaginer qu'au lieu de la crainte ou de la colère, quand je t'aurais avoué mes tourments, je trouverais sur ton front cette impassible confiance, et sur tes lèvres ce miséricordieux sourire ; je croyais que tu t'arracherais de mes bras avec effroi, et quand j'approcherais mes lèvres de ton visage, pour te donner comme les autres jours un fraternel baiser, que tu te détournerais avec indignation. Mais ton innocence brave tous les périls vulgaires et les surmonte tranquillement. Ah ! je saurai m'élever jusqu'à toi, et planer du même vol au-dessus des orages des passions terrestres, dans un ciel toujours radieux, toujours pur. Laisse-moi t'aimer et laisse-moi donner encore le nom d'amour à ce sentiment étrange et sublime que j'éprouve ; *amitié* est un mot trop froid et trop vulgaire pour une si ardente affection ; la langue humaine n'a pas de nom pour la baptiser. Mais n'appelle-t-on pas amour aussi l'amitié des mères pour leurs enfants, et l'enthousiasme de la foi religieuse ? Ce que tu m'inspires participe de tout cela, mais c'est quelque chose de plus encore. Ah ! sache qu'il faut bien t'aimer, Fernande, pour éprouver ce calme qui est descendu en moi depuis six heures. Chose étrange et délicieuse ! en rentrant dans ma chambre, purifié par mes résolutions, apaisé par ton chaste embrassement, je me suis endormi du plus profond et du plus bienfaisant sommeil que j'aie goûté depuis trois mois, et je viens de m'éveiller plus calme et plus joyeux que je ne l'ai été de ma vie. Oh! quel bien m'ont fait tes paroles! Écris-moi, répète-moi tout ce que tu m'as dit, afin que je le relise à genoux, si quelque nuage de mélancolie vient encore à passer dans mon beau ciel, et que je retrouve ta pure lumière, ô étoile radieuse qui me conduis! Il me semble que je vois le soleil pour la première fois, tant la nature m'apparaît belle et jeune ce matin! Je viens d'entendre le premier coup de la cloche pour le déjeuner, et j'ai tressailli comme à la voix d'un ami. Quelle belle vie! comme nous sommes heureux! Comme je demeure près de toi, Fernande, le vent d'ouest m'apporte les bruits de ta maison et les parfums de ton jardin. J'ai le temps de m'habiller et d'aller m'asseoir à la même table que toi, avant que Sylvia ait fini d'arranger méthodiquement ses livres et ses crayons dans le grand salon. Comment! je vais revoir tout cela! tout cela que j'ai cru quitter pour toujours, hier soir! Je vais encore rire et causer à cette table où il est permis de mettre les deux coudes, d'où l'on peut se lever autant de fois qu'on veut pendant le repas? Je vais chanter encore avec toi le duo que nous aimons? Oh! quel jour de fête! si tu savais comme la lune était belle à son coucher ce matin quand j'ai traversé le vallon pour revenir chez moi! Comme l'herbe humide était semée de pâles diamants, et comme les premières fleurs des amandiers exhalaient une odeur fraîche et suave! Mais tu as joui de tout cela aussi, car tu étais à ta fenêtre, et je t'ai vue aussi longtemps que me l'a permis la distance. Tu me suivais des yeux, ô ma belle amie! tu m'accompagnais de tes vœux, tu demandais à Dieu de conserver pure en moi l'œuvre de tes pieux efforts, cette nouvelle âme que tu m'as donnée, cette nouvelle vertu que tu m'as révélée! Allons, allons, je plie ma lettre et je pars; je viens de regarder dans la lunette d'approche qui est fixée sur ma fenêtre et braquée sur ta demeure: j'ai vu Sylvia avec sa robe bleue dans le jardin. Tu dors encore, mon petit ange, ou tu habilles tes enfants; je vais t'aider, et jouer du hautbois pour empêcher ta fille de crier quand tu lui mettras ses bas. Et notre Jacques! il revient ce soir, n'est-ce pas? Je vais l'embrasser comme si je l'avais perdu pendant dix ans! Toi, je ne t'embrasserai plus, mais tu me laisseras baiser tes pieds et le bas de ta robe tant que je voudrai.

V

DE FERNANDE A OCTAVE.

Ce qu'il y avait d'affreux et d'impossible, c'était de nous quitter. Je savais bien que vous auriez la force d'étouffer une pensée funeste plutôt que celle de m'abandonner. Je comptais sur votre amitié quand je vous ai dit : « Oui, tu le peux, reste, Octave ; renonce à des rêves coupables, fais un noble effort sur toi-même ; ouvre les yeux, regarde comme tu es saintement aimé, comme tu peux être heureux entre ces trois amis qui te chérissent à l'envi l'un de l'autre, et comme tu vas souffrir dans la solitude avec le remords d'avoir désolé un de ces cœurs sincères, et le regret d'avoir affligé les deux autres par ton départ. Examine ton âme, et vois combien elle est belle, jeune et forte ; ne peut-elle, entre deux sacrifices, choisir le plus noble et le plus généreux ? N'es-tu pas sûr qu'elle gouvernera toujours tes passions ? Veux-tu que je croie que les sens chez toi commanderont au cœur ? Ne serai-je donc pas toujours là pour relever ton courage s'il venait à faiblir ? Seras-tu sourd à ma voix quand elle t'implorera ? Et ces douces larmes que tu verses maintenant, seront-elles taries quand les miennes couleront ? » O cher Octave ! en te parlant ainsi, je sentais Dieu m'inspirer ; une confiance, une foi miraculeuses descendaient en moi ; j'avais comme une révélation de ce qui allait s'opérer entre nous, et ce fut un prodige en effet que ta résolution et ton enthousiasme en ce moment. Tu ne sais pas comme tu devins beau en tombant à genoux, et en levant les bras vers le ciel pour le prendre à témoin de tes serments ; comme ton visage pâle devint vermeil et animé, comme tes yeux fatigués et presque éteints s'illuminèrent d'une flamme subite. Ce rayon du ciel a laissé son reflet sur ta figure, et depuis hier tu as une autre expression, une autre beauté que je ne te connaissais pas. Ta voix aussi a changé : elle a quelque chose qui me pénètre comme une musique délicieuse ; et quand tu lis tout haut, je n'écoute pas les mots, je ne comprends par le sens des choses que tu dis ; la seule harmonie de ta voix m'émeut et me donne envie de pleurer. Moi-même, je me sens toute changée ; j'ai des facultés nouvelles, je comprends mille choses que je ne comprenais pas hier ; mon cœur est plus chaud et plus riche ; j'aime mon mari, ma sœur Sylvia et mes enfants plus que jamais ; et pour toi, Octave, je ressens une affection à laquelle je ne chercherai point de nom, mais que Dieu m'inspire et que Dieu bénit. Ah! que tu es grand et pur, mon ami! que tu es différent des autres hommes, et combien peu d'entre eux sont capables de te comprendre!

Que serais-je devenue si tu nous avais quittés? La seule pensée de te perdre me fait encore tressaillir douloureusement. Sais-tu, mon ami, combien tu nous es nécessaire, et à moi surtout? Ce que tu m'écrivais l'autre jour est bien vrai : nous ne faisons qu'un. Jamais deux caractères ne se sont convenus, jamais deux cœurs ne se sont compris comme les nôtres. Jacques et Sylvia se ressemblent et ne nous ressemblent pas, et c'est pour cela que nous les aimons tant; voilà pourquoi nous avons pu avoir de l'amour pour eux; mais nous ne pouvons en avoir l'un pour l'autre. Pour alimenter l'amour, il faut, je crois, des différences de goûts et d'opinions, de petites souffrances, des pardons, des larmes, tout ce qui peut exciter la sensibilité et réveiller la sollicitude journalière; l'amitié, l'amour faternel, si tu veux, est plus heureux et plus également pur : c'est un refuge contre tous les maux de la vie, c'est une consolation suprême aux douleurs que cause l'amour. Avant de te connaître, j'avais une amie dans le sein de laquelle je versais toutes mes douleurs, et, quoiqu'elle fût bien âcre et bien sévère dans ses réponses, la seule habitude de lui écrire tous les petits événements de la vie me soulageait d'un grand poids. Tu as lu ses lettres, et tu as conclu en me conjurant de destituer cette confidente et de t'accorder ses fonctions. Je ne sais pas si elle était, comme tu prétends, une fausse et mauvaise amie; mais elle était bien certainement au-dessous de toi, mon cher et bon Octave. Oh! qu'elle était loin d'avoir ta douceur et ta sensibilité! Elle m'effrayait, et tu me persuades; elle me menaçait de maux inévitables, et tu m'apprends à m'en préserver; car tu as au moins autant de raison et de jugement qu'elle, et, de plus, tu sais comment il faut me parler et me convaincre. Depuis que tu es ici, et que je me suis habituée à t'ouvrir mon cœur à chaque instant, je me suis guérie des petites maladies morales, et corrigée des nombreux défauts qui compromettaient et troublaient mon bonheur. Tu m'as appris à accepter les souffrances de la vie journalière, à tolérer les imperfections de l'amour, à ne demander que ce qui est possible au cœur humain; tu m'as enseigné la justice, et tu m'as appris à aimer Jacques comme il faut l'aimer pour le rendre heureux. Mon bonheur et le sien sont donc ton ouvrage, ô mon cher ami! et je suis si accoutumée à avoir recours à toi en tout, que ma félicité serait ruinée du jour où je te perdrais; je retomberais peut-être dans mes anciens torts, et je perdrais le fruit de tes conseils. Reste donc et ne parle jamais de t'éloigner. Notre vie sera plus belle encore qu'elle ne l'a été jusqu'ici. Mes enfants grandiront sous tes yeux, et nous les élèverons; nous prendrons de leur intelligence le même soin que nous prenons aujourd'hui de leurs petites personnes. Après eux et après Jacques, tu seras ce que j'aurai de plus cher au monde; car je t'aime encore mieux que Sylvia, et pourtant je regarde et je chéris Sylvia, comme ma sœur. Mais ton caractère a bien plus de rapport avec le mien, et je me sens bien plus de confiance et d'entraînement vers toi; à présent surtout, il me semble que nous avons reçu un nouveau baptême, et que Dieu nous abandonnerait si nous l'invoquions séparément.

Garde mon bracelet, à une condition, c'est que tu y feras remettre le chiffre de Jacques, sans effacer le tien; qu'ils soient tous deux enlacés au mien, et que ton cœur ne me sépare jamais ni de lui ni de toi.

VI

DE JACQUES A SYLVIA.

De la ferme de Blosse.

Tu me demandais hier pourquoi je viens si souvent à Blosse, et tu me reprochais de chercher la solitude depuis quelque temps. Il est vrai que jamais je n'ai senti si vivement le besoin d'être seul et de réfléchir; ce lieu désert et plein d'aspects sauvages me plaît et me fait du bien. Je sens comme une main inexorable, mais paternelle encore dans sa rigueur, qui m'attire au fond de ces bois silencieux pour m'y enseigner la résignation. Je viens m'asseoir au pied de ces chênes séculaires que ronge la mousse, et j'y résume ma vie. Cela me calme.

Est-ce que tu ne sais pas ce que j'ai? Est-ce que tu ne t'es pas aperçu qu'Octave aime ma femme? Cet amour a été romanesque et innocent pendant bien longtemps; mais il prend de la violence, et si Fernande ne le voit pas encore, elle ne peut tarder à le voir. Nous avons été imprudents; les laisser ainsi ensemble ! ils sont si jeunes ! Mais que pouvions-nous faire? Tu ne pouvais pas feindre de revendiquer un amour que tu avais repoussé. Ta fierté se refusait à tout ce qui aurait eu l'apparence d'une ignoble jalousie et d'une vanité blessée. Pour moi, c'était bien pis; j'avais d'abord accusé injustement ces pauvres jeunes fous; je sentais que j'avais beaucoup à réparer envers eux, et la crainte de me tromper encore me forçait à fermer les yeux. Je t'avoue que, malgré l'évidence, j'hésite encore à croire qu'Octave soit amoureux d'elle; il semblait si sûr de lui dans les commencements, et toute l'année dernière il a été si heureux auprès de nous ! Mais, depuis l'hiver, il a été de plus en plus agité et distrait; à présent il est réellement malade de chagrin. C'est un honnête homme, il est devenu froid et sec avec moi. Il ne sait pas me dissimuler la gêne et le trouble que je lui cause; pourtant il m'aime sincèrement. Hier soir, quand je suis monté à cheval, il est venu avec moi, et il m'a parlé d'un voyage qu'il compte faire bientôt à Genève. J'ai compris qu'il voulait s'éloigner de Fernande; j'ai pressé sa main sans rien dire, et il s'est jeté dans mes bras en s'écriant: « Ah! mon brave Jacques!... » puis il s'est arrêté brusquement et m'a parlé de mon cheval. Pauvre Octave! il est malheureux, et c'est par notre faute; nous l'avons trop abandonné aux périls de la jeunesse.

Mais où ne les aurait-il pas rencontrés ? et où les eût-il combattus avec autant de vertu ?

Il partira, j'en suis sûr, et peut-être qu'à l'heure où je t'écris il est déjà parti. Il y avait sur sa figure quelque chose d'extraordinaire, comme s'il eût pris une résolution pénible, mais ferme. Ce qui m'a fait partir sur-le-champ moi-même pour la ferme, c'est la grande altération que j'ai vue sur la figure de ma femme à l'heure du dîner; jusque-là j'étais convaincu qu'elle n'avait pas la plus légère idée de l'amour d'Octave; depuis ce moment je ne sais que penser. Il est vrai qu'elle est souffrante depuis quelque temps : le sevrage de ses enfants la fatigue, et l'abondance de son lait l'incommode encore souvent. Je n'ai pas voulu l'observer attentivement, cela me faisait peur; quoi qu'il pût s'être passé entre eux, du moment qu'Octave avait le courage de partir, je ne devais pas lui rendre plus amer le dernier jour peut-être qu'il avait à vivre auprès d'elle. Je suis sûr de la raison et de la prudence de Fernande; elle l'éloignera sans l'offenser et sans irriter sa passion par d'inutiles démonstrations de force. J'ai vu que je devais la laisser agir, et que ma confiance aveugle était la meilleure garantie possible de leur vertu.

Je n'ai aucune inquiétude, mais je suis triste et profondément las de moi. J'avais un ami sincère, aimable, dévoué, et il faut qu'il parte désespéré parce que je suis au monde ! Vous aviez une belle vie, intime, riante et pure comme vos cœurs, et voilà qu'elle est gâtée, dérangée, empoisonnée, parce que je suis M. Jacques, le mari de Fernande ! J'espère si peu en moi et en mon avenir, que je voudrais plutôt mourir et vous laisser tous heureux, que de conserver mon bonheur au prix de celui de l'un de vous. Mon bonheur! sera-t-il possible désormais, si Fernande a dans le cœur un regret profond ? Et comment ne l'aurait-elle pas ? Voilà ce qui m'a consterné hier. Elle l'aime peut-être ; si cela est, elle ne le sait pas encore elle-même ; mais l'absence et la douleur le lui apprendront. Et pourquoi partirait-il, s'il faut qu'elle le pleure et qu'elle me haïsse ?

Non, elle ne me haïra pas, elle est si bonne et si douce ! et moi je serai bon et doux avec elle; mais elle sera malheureuse, malheureuse par nos liens indissolubles... J'ai beaucoup pensé à cela avant que nous fussions mariés, et depuis quelque temps j'y pense encore ; je verrai. Ne me parle pas, ne m'apprends rien sans que je t'interroge. Je crains que la première fois tu ne m'aies beaucoup trop rassuré sur leur amitié; ils étaient purs alors, et ils le sont encore; mais ils pouvaient se séparer aisément, et aujourd'hui il faut que leurs cœurs se brisent. Que Dieu nous pardonne, nous n'avons rien fait à mauvaise et coupable intention. Je retournerai demain au château ; si Octave n'est point parti, je songerai à ce que je dois ou à ce que je puis faire.

VII

D'OCTAVE A FERNANDE.

Voici un mois bien étrange que nous passons ensemble, mon amie. Depuis le jour où vous m'avez commandé d'étouffer mon amour, je l'ai tellement couvert de cendres que j'ai cru parfois avoir réussi à l'éteindre. Je suis plus tranquille que je ne l'étais cet hiver, bien certainement ; mais ce transport d'enthousiasme qui m'a fait tout promettre et tout sacrifier, vous auriez dû prendre un peu plus de soin pour le ranimer de temps en temps. Votre cœur semble m'avoir abandonné, et je tombe dans une tristesse chaque jour plus profonde. Est-ce que vous craignez de me trouver indocile à vos leçons? Pourquoi me les avez-vous déjà retirées? Peut-être ma mélancolie vous fatigue; peut-être craignez-vous l'ennui que vous causeraient mes plaintes. Et pourtant il vous serait si facile de me consoler avec quelques mots de confiance ou de compassion ! Ne connaissez-vous pas votre pouvoir sur moi ? Quand s'est-il trouvé en défaut ? Vous êtes quelquefois cruelle sans vous en douter, et vous me faites un mal horrible sans daigner vous en apercevoir. Ne pourriez-vous, par exemple, me cacher un peu l'amour que vous avez pour votre mari ? Votre âme est si généreuse et si délicate dans tout le reste ! mais, en ceci, vous mettez une sorte d'ostentation à me faire souffrir : laissez cette vaine parade aux femmes qui doutent d'elles-mêmes. Vous aviez eu tant d'esprit, au milieu de votre miséricorde, dans les premiers jours ! vous saviez si bien me dire les choses qui pouvaient me consoler, ou du moins adoucir ma peine ! Quand vous parliez de votre mari, sans blasphémer un mérite que personne n'apprécie mieux que moi, sans nier une affection que je ne voudrais pas lui arracher, vous aviez le secret ineffable de me persuader que ma part était aussi belle que la sienne, quoique différente ; à présent vous avez le talent inutile et cruel de me montrer combien sa part est magnifique et la mienne ridicule. Ne pouviez-vous me cacher ce tripotage d'enfants et de berceaux ? me comprenez-vous ? Je ne sais comment m'expliquer, et je crains d'être brutal ; car je suis aujourd'hui d'une singulière âcreté. Enfin, vous avez fait emporter vos enfants de votre chambre, n'est-ce pas ? A la bonne heure. Vous êtes jeune, vous avez des sens ; votre mari vous persécutait pour hâter ce sevrage. Eh bien ! tant mieux !

vous avez bien fait : vous êtes moins belle ce matin, et vous me semblez moins pure. Je vous respectais dans ma pensée jusqu'à la vénération, et en vous voyant si jeune, avec vos enfants dans vos bras, je vous comparais à la Vierge mère, à la blanche et chaste madone de Raphaël caressant son fils et celui d'Élisabeth. Dans les plus ardents transports de ma passion, la vue de votre sein d'ivoire, distillant un lait pur sur les lèvres de votre fille, me frappait d'un respect inconnu, et je détournais mon regard de peur de profaner, par un désir égoïste, un des plus saints mystères de la nature providente. A présent, cachez bien votre sein, vous êtes redevenue femme; vous n'êtes plus mère; vous n'avez plus de droit à ce respect naïf que j'avais hier, et qui me remplissait de piété et de mélancolie. Je me sens plus indifférent et plus hardi. Ce sont là de mauvais moyens avec un homme aussi rustiquement candide que je le suis : vous pouviez bien rendre à votre mari le droit d'entrer la nuit dans votre chambre, sans le faire savoir à toute la maison, et à moi surtout.

VIII

DE JACQUES A SYLVIA.

Il va falloir que je voyage, je ne sais pour combien de temps, mais il est nécessaire que je m'éloigne; je deviens antipathique, et c'est ce qu'il y a de pire au monde. Fernande aime Octave : cela est maintenant hors de doute pour moi. Hier, quand j'obtins qu'elle fit emporter ses enfants, dont les cris l'empêchent de dormir et la rendent réellement malade, je ne sais si tu remarquas la singulière contestation qui s'éleva entre Octave et elle. — Est-ce que vous êtes sûre que vos enfants se passeront de vous toute une nuit? disait-il. — Il faut bien qu'ils s'y habituent, répondait-elle; il est temps de les sevrer. — Ils me paraissent bien jeunes pour cela. — Ils ont un an bientôt. — Mais on les soignera mal. A qui une mère peut-elle remettre le soin de veiller sur ses enfants la nuit ? — Je puis remettre sans inquiétude ce soin à Sylvia. Il fit alors un geste d'impatience extrême, et partit sans dire bonsoir à personne.

Je ne compris pas d'abord le sens de cette conduite; mais, en y réfléchissant, elle me parut fort claire. J'examinai Fernande : elle est bien pâle depuis quelque temps! elle me sembla plus triste que malade. Je résolus de savoir à quoi m'en tenir, et j'entrai dans sa chambre à minuit.

Le ciel m'est témoin qu'en faisant emporter les enfants, je n'avais pas les intentions qu'Octave m'a supposées. Il y a plus d'un an que je n'ai endormi ma femme sur mon cœur, et ce serait pour moi une joie aussi vive et aussi pure aujourd'hui que le premier jour de notre union, si cette joie était réciproque; mais il y a un mois que je doute, et ce mois où j'aurais pu, sans la faire manquer aux saints devoirs de la maternité, la presser dans mes bras, a été pour moi une angoisse perpétuelle. Elle est sombre et silencieuse, l'as-tu remarqué, Sylvia? Octave est triste, et quelquefois désespéré. Ils luttent, ils résistent, les infortunés! mais ils s'aiment et ils souffrent. En vain j'avais tour à tour accueilli et repoussé la conviction de cet amour réciproque; elle m'arrivait de plus en plus. Je me décidai enfin hier à l'accepter, quelque rude qu'elle fût, et à paraître odieux un instant, afin de n'être plus jamais exposé à le devenir. Je m'approchai de son lit, et je vis qu'elle feignait de dormir, espérant, la pauvre femme, se soustraire ainsi à mes importunités ; je la baisai au front, elle ouvrit les yeux et me tendit la main ; mais je crus remarquer un imperceptible frisson d'effroi et de répugnance. Je lui parlai comme autrefois de mon amour, elle m'appela son cher Jacques, son ami et son ange protecteur ; mais le nom d'amour était oublié ; et quand je cherchais à attirer ses lèvres sur les miennes, sa figure prenait une singulière expression d'abattement et de résignation. Une douceur angélique résidait sur son front, et son regard avait la sérénité d'une conscience pure ; mais sa bouche était pâle et froide, ses bras languissants. Je jugeai l'épreuve assez forte ; il m'eût été impossible de trouver du plaisir à la tourmenter. J'avais horreur du droit dont je suis investi, et dont elle me croyait capable d'user contre son gré. Je lui baisai les mains, et lui demandai de me dire sincèrement si elle avait quelque chagrin, et si quelque chose manquait à son bonheur.—Comment pourrais-je trouver que je ne suis point heureuse, me répondit-elle, quand tu n'es occupé qu'à me rendre la vie agréable, et à éloigner de moi les moindres contrariétés ? Quelle femme il faudrait être, pour se plaindre de toi !— Quand tu voudras changer ta vie, lui dis-je, habiter un autre pays, t'entourer d'une société plus nombreuse, tu sais qu'il te suffira de me dire un mot pour que je mette ma plus grande joie à te satisfaire ; si c'est l'ennui qui te rend malade et mélancolique, pourquoi ne me l'avoues-tu pas ?— Non, ce n'est pas l'ennui, me répondit-elle avec un soupir. Et je vis qu'elle était tentée de m'ouvrir son cœur. Elle l'eût fait certainement, si son secret n'eût appartenu qu'à elle ; mais elle ne devait pas me faire la confession d'un autre. Je l'aidai à la renfermer dans son sein, et je la quittai en lui disant : — Souviens-toi que je suis ton père, et que je te porterai dans mes bras pour t'empêcher de marcher sur les épines. Dis-moi seulement quand tu seras lasse de marcher seule ; et, dans quelque circonstance que nous nous trouvions, Fernande, ne me crains jamais. — Tu es un ange ! un ange ! me dit-elle à plusieurs reprises ; et son visage me remercia malgré elle de ce que je m'en allais. Je rentrai dans ma chambre, et je tombai désolé sur mon lit ; je venais de franchir, pour la dernière fois de ma vie, le seuil de la sienne. C'en est donc fait irrévocablement ; elle ne m'aime plus ! Hélas ! ne le sais-je pas depuis longtemps, et avais-je besoin d'une épreuve décisive pour m'en assurer ? N'y a-t-il pas bien des mois qu'elle aime Octave, sans le savoir ? Cette paisible affection qu'elle me témoigne désormais, est-ce autre chose que de l'amitié ? Elle est heureuse avec moi maintenant, et elle commence à souffrir par lui ; car l'amour chez elle est une souffrance ; la voilà en proie à toutes les terreurs et à toutes les difficultés de la vie sociale ; Dieu sait combien de remords exagérés déchirent son cœur ; mais que dois-je faire ? L'éloignerai-je du danger et tâcherai-je de lui faire oublier Octave ? Si je la lance au milieu du monde, impressionnable et ingénue comme

9.

elle est, elle cherchera à aimer encore et elle fera un mauvais choix; car elle est trop supérieure à ces poupées de salon qu'on appelle femmes du monde, pour prendre goût à leur existence vide et à leurs imbéciles plaisirs. Elle pourra en être étonnée, étourdie pour quelque temps, et se distraire de sa passion; mais bientôt le besoin d'aimer qui est en elle se fera sentir plus vivement, et l'amour se réveillera dans son cœur, soit pour Octave, soit pour un autre, qui ne le vaudra pas et qui la perdra. Et alors elle me haïra avec raison pour l'avoir arrachée à une affection qui était innocente encore, et qui l'aurait peut-être été toujours, et pour l'avoir précipitée dans un abîme de déceptions et de douleurs. Mais si je la laisse ici, un matin elle se trouvera criminelle à ses propres yeux; elle se noiera dans ses larmes et m'accusera de l'avoir abandonnée au danger avec une lâche indifférence, ou avec une confiance stupide. Elle haïra peut-être son amant pour lui avoir fait souffrir ces agitations et ces remords; elle me méprisera pour ne l'avoir pas préservée.

Je suis aussi incertain et aussi peu avancé qu'un homme qui n'aurait jamais prévu ce qui lui arrive. Pourtant voilà bientôt deux ans que j'emploie à retourner sous toutes les faces possibles l'avenir qui s'accomplit; mais il y a cent mille manières de perdre l'amour d'une femme, et la seule qu'on n'ait pas prévue est précisément celle qui se réalise. Il est absurde de se prescrire une règle de conduite, quand le hasard seul se charge de vous éclairer sur le meilleur parti à prendre. Voilà pourquoi les sociétés ne peuvent exister qu'au moyen de lois arbitraires, bonnes pour les masses, horribles et stupides pour les individus. Comment peut-on créer un code de vertu pour les hommes, quand un homme ne peut s'en faire un pour lui seul, et quand les circonstances le forcent à en changer dix fois dans sa vie? L'année dernière, quand j'accusai Fernande de me tromper effrontément, j'allais partir, j'allais l'abandonner sans remords et sans compassion. Qu'est-ce qui change si étrangement ma conduite et mes dispositions aujourd'hui? Elle aime Octave, comme je supposais qu'elle l'aimait alors; ce sont les mêmes êtres, les mêmes lieux, la même position sociale; mais ce n'est pas le même sentiment; je la croyais grossièrement amoureuse d'un homme dans ce temps-là, et aujourd'hui je vois qu'elle aime, en tremblant et malgré elle, une âme qui la comprend. Elle pâlit, elle frissonne, elle pleure, à présent! Voilà toute la différence extérieure; mais cette différence, c'est tout; c'est celle d'une femme sans cœur à une femme noble et sincère. Je ne peux pas me consoler par le mépris, maintenant. Qu'a-t-elle fait pour perdre mon estime? Rien en vérité, et quand même elle se serait abandonnée aux transports de son amant, elle n'aurait fait que céder à l'entraînement d'une destinée inévitable. Elle n'a plus d'amour pour moi et elle a dix-neuf ans, et elle est belle comme un ange. Ce n'est ni sa faute, ni la mienne, si je ne lui inspire plus que de l'amitié ; puis-je demander plus de sacrifices, de dévouement et d'affection qu'elle n'en montre, en se combattant comme elle fait? Puis-je exiger que son cœur se dessèche, et que sa vie finisse avec notre amour?

Je serais un insensé et un monstre si je pouvais concevoir contre elle une pensée de colère ; mais je suis horriblement malheureux, car mon amour est encore vivant. Elle n'a rien fait pour l'éteindre ; elle m'a fait souffrir ; mais elle ne m'a ni offensé, ni avili. Je suis vieux, et ne puis pas comme elle ouvrir mon cœur à un amour nouveau. Le moment de souffrir est venu ; il n'y a plus à espérer de le retarder ou de l'éviter. Du moins j'ai contre la souffrance un bouclier qu'aucune espèce de trait ne peut traverser ; c'est le silence. Tais-toi aussi, ma sœur ! Je me soulage en t'écrivant ; mais que ces discours ne viennent jamais sur nos lèvres.

IX

DE FERNANDE A JACQUES.

Mon ami, puisque tu ne reviens que demain, je veux t'écrire aujourd'hui, et te faire une demande qui me coûte beaucoup; mais tu m'as parlé hier soir avec tant de bonté et d'affection que cela m'encourage. Tu m'as dit que, si j'éprouvais quelque ennui dans ce pays-ci, tu te ferais un plaisir de me procurer toutes les distractions que je pourrais désirer. Je n'ai pas accepté sur-le-champ parce que je ne savais comment t'expliquer ce que j'éprouve, et je ne sais pas encore comment je vais te le dire. De l'ennui? auprès de toi, dans un si beau lieu, avec mes enfants et deux amis comme ceux que nous avons, il est impossible que je connaisse l'ennui; rien ne manque à mon bonheur, ô mon cher Jacques! et tu es le meilleur et le plus parfait des amis et des époux. Mais que te dirai-je?

Je suis triste parce que je souffre, et je souffre sans savoir de quoi. J'ai des idées sombres, je ne dors pas, tout m'agite et me fatigue ; j'ai peut-être une maladie de nerfs ; je m'imagine que je vais mourir et que l'air que je respire m'étouffe et m'empoisonne. Enfin je sens, non pas le désir, mais le besoin de changer de lieu. C'est peut-être une fantaisie, mais une fantaisie de malade, dont tu auras compassion. Éloigne-moi d'ici pour quelque temps ; j'imagine que je serai guérie, et que je pourrai revenir avant peu. Tu me disais l'autre jour que M. Borel t'engageait beaucoup à acheter les terres de M. Raoul, et tu me lisais une lettre où Eugénie se joignait à lui pour te supplier de venir examiner cette propriété et de m'amener passer l'été chez elle ; j'ai comme un vague désir de prendre la distraction de ce voyage et de revoir ces bons amis. Engage notre chère Sylvia à nous accompagner ; je ne saurais me séparer d'elle sans une douleur au-dessus de mes forces. Réponds-moi par le retour du domestique que je t'envoie. Épargne-moi l'embarras de m'expliquer davantage sur un caprice dont je sens le ridicule, mais que je ne puis surmonter. Traite-moi avec cette indulgence et cette divine douceur à laquelle tu m'as accoutumée. Bonjour, mon bien-aimé Jacques. Nos enfants se portent bien.

X

DE JACQUES A FERNANDE.

Tes désirs sont des ordres, ma douce petite malade, partons, allons où tu voudras; prépare et commande le départ pour la semaine prochaine, pour demain si tu veux; je n'ai pas d'affaire dans la vie plus importante que ta santé et ton bien-être. J'écris à l'instant même à Borel pour lui dire que j'accepte son obligeante proposition. Précisément j'ai des fonds à déplacer, et il me sera agréable de les porter en Touraine, sous les yeux d'un ami qui en surveillera le revenu. Il m'eût été cruel de faire sans toi ce voyage; je ne sais pas si notre Sylvia pourra nous accompagner. Cela présente plus de difficultés et d'inconvénients que tu ne penses; j'en parlerai avec elle, et si la chose n'est pas impossible absolument, elle ne te quittera pas. Nous partirons donc pour aussi longtemps que tu voudras, ma bonne fille chérie; mais souviens-toi que si tu t'ennuies et te déplais à Cerisy, fût-ce le lendemain de notre arrivée, je serai tout prêt à te conduire ailleurs, ou à te ramener ici. Ne crains pas de me paraître fantasque : je sais que tu souffres, et je donnerais ma vie pour alléger ton mal. Adieu. Un baiser pour moi à Sylvia, et mille à nos enfants.

XI

D'OCTAVE A FERNANDE.

Ainsi vous partez. Je vous ai offensée, et vous m'abandonnez au désespoir, pour ne pas entendre les inutiles lamentations d'un importun. Vous avez raison; mais cela vous ôte beaucoup de votre mérite à mes yeux. Vous étiez bien plus grande quand vous me disiez que vous ne m'aimiez pas, mais que vous aviez pitié de moi, et que vous me supporteriez auprès de vous tant que j'aurais besoin de vos consolations et de votre appui. A présent vous ne dites plus rien. Je vous parle de mon amour dans le délire de la fièvre, et vous avez la charité de ne pas me répondre, pour ne pas me désespérer, apparemment; mais vous n'avez pas la patience de m'entendre davantage et vous partez! Vous vous êtes lassée trop tôt, Fernande, du rôle sublime dont vous aviez conçu l'idée, mais que vous n'avez pas eu la force de remplir. Mon amour n'a pas eu le temps de guérir ; mais il s'est aigri, et la plaie est plus âcre et plus envenimée qu'auparavant.

Votre conduite est fort prudente. Je ne vous aurais jamais crue si ingénieuse : vous avez arrangé tout cela en un clin d'œil, et vous avez surmonté tous les obstacles avec toute l'habileté et tout le sang-froid du tacticien le plus expérimenté. Cela est bien beau pour votre âge ! Sylvia était brutale et franche ; elle partait en me laissant des billets où elle m'apprenait sans façon qu'elle ne m'aimait pas. Vous êtes plus politique ; vous savez profiter des occasions et les saisir au vol ; vous arrangez tout d'une manière si savante et si vraisemblable, qu'on jurerait que c'est votre mari qui vous entraîne, tandis que son cœur généreux et brave hésite, s'étonne et se soumet sans savoir ce qui vous passe par l'esprit. Sylvia se soucie médiocrement d'aller s'installer chez des gens qu'elle ne connaît pas et qui la traiteront peut-être fort lestement ; vous ne tenez compte de rien. Vous me comblez devant eux d'hypocrites témoignages de regret et d'attachement ; mais vous évitez si bien de vous trouver seule un instant avec moi, que, si je n'étais furieux, je serais désespéré. Soyez tranquille ; j'ai autant d'orgueil qu'un autre quand on m'irrite par le mépris. Vous auriez dû me témoigner le vôtre dès le jour où j'ai eu l'insolence de vous parler d'amour ; je serais parti sur-le-champ et vous seriez débarrassée de moi depuis longtemps. Pourquoi prendre tant de peine aujourd'hui ?

pourquoi quitter votre maison et déplacer toute votre famille, quand vous n'avez qu'un mot à dire pour me renvoyer en Suisse? Croyez-vous que je veuille m'attacher à vos pas et vous fatiguer de mes poursuites? Vous avez choisi pour refuge la maison Borel, pensant que c'était le seul lieu du monde où je n'oserais pas vous suivre : eh! mon Dieu, c'est trop de soin; restez et vivez en paix; je pars dans un quart d'heure. Défaites vos malles; dites à votre mari que vous avez changé d'idée : je vous ai vue ce matin pour la dernière fois de ma vie. Adieu, madame.

XII

DE FERNANDE A OCTAVE.

Vous vous trompez absolument sur les causes de mon départ et de ma conduite avec vous. J'exige que vous restiez jusqu'à demain, à moins que vous ne vouliez faire deviner à mon mari un secret qui peut compromettre son bonheur et mon repos. Ce soir à neuf heures, nous partirons, après nous être pressé la main. Allez au grand ormeau, vous trouverez sous la pierre mon dernier billet, mon dernier adieu.

DE FERNANDE A OCTAVE.

Billet placé sous la pierre de l'ormeau.

Je pars parce que je vous aime; vous le dire et résister à vos transports m'eût été impossible. Partir sans vous le dire est également au-dessus de mes forces. Je suis un être faible et souffrant; je ne puis commander à mon cœur; j'aime mes devoirs et je veux sincèrement les remplir. Ce que j'entends par mes devoirs, ce ne sont pas les seules lois de la société; la société châtie sévèrement ceux qui lui désobéissent; mais Dieu est plus indulgent qu'elle, et il pardonne. Je saurais braver pour vous le ridicule et le blâme qui s'attachent aux fautes d'une femme; mais ce que je ne puis vous immoler, le sacrifice que vous refuseriez, c'est le bonheur de Jacques. Que n'est-il moins parfait! que n'a-t-il eu envers moi quelque tort qui m'autorise à disposer de mon honneur et de mon repos comme je l'entendrais! Mais, quand toute sa conduite est sublime envers moi et envers vous, que pouvons-nous faire? Nous soumettre, nous fuir, et mourir de chagrin plutôt que d'abuser de sa confiance.

Je ne sais pas quand j'ai commencé à vous aimer. Peut-être est-ce dès le premier jour que je vous ai vu; peut-être Clémence avait-elle tristement raison en m'écrivant que je réussissais à donner le change à ma conscience, mais que j'étais déjà perdue lorsque je croyais travailler à votre réconciliation avec Sylvia. Je ne sais plus maintenant apprécier au juste ce qui s'est passé dans ma pauvre tête depuis un an; je suis brisée de fatigue, de combats, d'émotions. Il est temps que je parte; je ne sais plus ce que je fais; je suis comme vous étiez il y a un mois. Alors je me sentais encore de la force; d'ailleurs, la crainte de vous perdre

10.

m'en donnait. Que n'aurais-je pas imaginé, que ne me serais-je pas persuadé, que n'aurais-je pas juré à Dieu et aux hommes, plutôt que de renoncer à vous voir! Cette idée était trop affreuse, je ne pouvais l'accueillir ; mais la victoire que nous nous flattions de remporter était au-dessus des forces humaines; à peine vous vis-je au point d'enthousiasme et de courage où je vous priais d'atteindre, que mon âme se brisa comme une corde trop tendue; je tombai dans une tristesse inexplicable, et quand j'en sortais pour contempler avec admiration votre dévouement et votre vertu, je sentais qu'il fallait vous fuir ou me perdre avec vous. Que Dieu nous protége ! A présent le sacrifice est consommé; si je succombe, souvenez-vous de moi pour me plaindre et pour me pardonner ce que je vous ai fait souffrir.

Si vous voulez m'accorder une grâce, restez encore quelques jours à Saint-Léon; et puisque Sylvia n'a pu se décider à me suivre, profitez de cette sainte amitié que la Providence vous offre comme une consolation. Elle est triste aussi; j'ignore ce qu'elle a; peut-être devine-t-elle que je suis malheureuse. Elle se dévoue à mes enfants; elle leur servira de mère. Voyez-les, ces pauvres enfants que j'abandonne aussi, pour fuir tout ce que j'ai de plus cher au monde à la fois; leur vue vous rappellera mes devoirs et les vôtres; vous souffrirez moins pendant ces premiers jours. Si, au lieu de vous plonger dans la solitude, vous vous nourrissez l'âme du témoignage de notre honnête amitié et du spectacle de ces lieux où tout vous parlera des graves et augustes devoirs de la famille et de l'honneur, vous vous souviendrez d'y avoir été heureux par la vertu, et vous vous réjouirez de n'avoir pas souillé la pureté de ce souvenir.

XIII

DE SYLVIA A JACQUES.

De Saint-Léon.

Vous avez bien fait de me laisser vos enfants ; ce voyage eût fait beaucoup de mal à ta fille qui n'est pas bien portante. Son indisposition ne sera rien, j'espère ; elle serait devenue sérieuse dans une voiture, loin des mille petits soins qui lui sont nécessaires. Ne parle pas à ta femme de cette indisposition qui sera guérie sans doute quand tu recevras ma lettre. C'est une grande terreur pour moi que la moindre souffrance de tes enfants, surtout à présent que je suis seule ; je tremble de voir leur santé s'altérer par ma faute ; je ne les quitte pourtant pas d'une minute, et je ne goûterai pas un instant de sommeil que notre chère petite ne soit tout à fait bien.

Je suis heureuse d'apprendre que vous avez fait un bon voyage, et que vous avez reçu le plus aimable accueil; mais je m'afflige et m'effraye de la tristesse épouvantable où tu me dis que Fernande est plongée. Pauvre chère enfant! Peut-être as-tu mal fait de céder si vite à son désir; il eût fallu lui donner le temps de réfléchir et de se raviser. Il m'a semblé qu'au moment de partir elle était au désespoir, et que, sans la crainte de te déplaire, elle eût renoncé à ce voyage. Je n'augure rien de bon de cette séparation, Octave est comme fou. J'ai réussi à le retenir jusqu'à présent, mais je désespère de le calmer. J'ai essayé de le faire parler; j'espérais qu'en ouvrant son cœur et en l'épanchant dans le mien, il se calmerait, ou se pénétrerait davantage de la nécessité d'être fort; mais la force n'est pas dans l'organisation d'Octave; et quand même j'obtiendrais quelques nobles promesses, sa résolution serait l'enthousiasme de quelques heures. Je le connais, et, le voyant aussi sérieusement épris de Fernande, j'espère peu à présent qu'il la seconde dans ses généreux projets. Il est dans une agitation effrayante; sa souffrance paraît si vive et si profonde que j'en suis émue de compassion, et que je pleure sur lui du fond de mon âme. Sois indulgent et miséricordieux, ô mon Jacques! car ils sont bien à plaindre. Je n'ai jamais été dans cette situation, et je ne sais vraiment pas ce que je ferais à leur place. Ma position indépendante, mon isolement de toute considération sociale, de tout devoir de famille, sont cause que je me suis livrée à mon cœur lorsqu'il a parlé. Si j'ai de la force, ce n'est pas à me combattre que je l'ai acquise; car je n'en ai jamais eu l'occasion. L'idée de sacrifier une passion réelle et profonde à ce monde que je hais me paraît si horrible que je ne m'en crois pas capable. Il est vrai que les seuls devoirs réels de Fernande sont envers toi; et ta conduite en impose de tels à tous ceux qui t'aiment, qu'il ne doit plus y avoir un instant de bonheur pour ceux qui te trahissent. Aide-la donc avec douceur à accomplir cet holocauste de son amour; j'essayerai d'obtenir quelque chose de la vertu d'Octave; mais il me ferme l'accès de son cœur, et je ne puis vaincre la répugnance que j'éprouve à forcer la confiance d'une âme qui souffre, fût-ce avec l'espoir de la guérir.

XIV

D'OCTAVE A HERBERT.

Je suis dans un état déplorable, mon cher Herbert; plains-moi et n'essaye pas de me conseiller; je suis hors d'état d'écouter quoi que ce soit. Elle a tout gâté en me disant qu'elle m'aime; jusque-là je me croyais méprisé; le dépit m'aurait donné des forces; mais, en me quittant, elle me dit qu'elle m'aime, et elle espère que je me résignerai à la perdre! Non, c'est impossible; qu'ils disent ce qu'ils voudront, ces trois êtres étranges parmi lesquels je viens de passer un an qui m'apparaît comme un rêve, comme une excursion de mon âme dans un monde imaginaire! Qu'est-ce que la vertu dont ils parlent sans cesse? La vraie force est-elle d'étouffer ses passions ou de les satisfaire? Dieu nous les a-t-il données pour les abjurer; et celui qui les éprouve assez vivement pour braver tous les devoirs, tous les malheurs, tous les remords, tous les dangers, n'est-il pas plus hardi et plus fort que celui dont la prudence et la raison gouvernent et arrêtent tous les élans? Qu'est-ce donc que cette fièvre que je sens dans mon cerveau? Qu'est-ce donc que ce feu qui me dévore la poitrine, ce bouillonnement de mon sang qui me pousse, qui m'entraîne vers Fernande? Sont-ce là les sensations d'un être faible? Ils se croient forts parce qu'ils sont froids. D'ailleurs, qui sait le fond de leurs pensées, qui peut deviner leurs intentions réelles? Ce Jacques qui m'abandonne et me livre au danger pendant un an, et qui, malgré sa pénétration exquise en toute autre chose, ne s'aperçoit pas que je deviens fou sous ses yeux; cette Sylvia qui redouble d'affection pour moi, à mesure que je me console de ses dédains et que je les brave en aimant une autre femme, sont-ils sublimes ou imbéciles? Avons-nous affaire à de froids raisonneurs qui contemplent notre souffrance avec la tranquillité de l'analyse philosophique, et qui assisteront à notre défaite avec la superbe indifférence d'une sagesse égoïste? à des héros de miséricorde, à des apôtres de la morale du Christ qui acceptent le martyre de leurs affections et de leur orgueil? A présent que j'ai perdu l'aimant qui m'attachait à eux, je ne les connais plus; je ne sais plus s'ils me raillent, s'ils me pardonnent ou s'ils me trompent. Peut-être qu'ils me méprisent; peut-être qu'ils s'applaudissent de leur ascendant sur Fernande, et de la facilité avec laquelle ils m'ont séparé d'elle au moment où elle allait être à moi. Oh! s'il en était ainsi, malheur à eux! Vingt fois par jour je suis au moment de partir pour la Touraine.

Mais cette Sylvia m'arrête et me fait hésiter. Maudite soit-elle! Elle exerce encore sur moi une influence qui a quelque chose d'irrésistible et de fatal. Toi qui crois au magnétisme, tu auras ici beau jeu pour expliquer le pouvoir qu'elle a encore sur moi, après que mon amour pour elle est éteint, et quand nos caractères s'accordent et se ressemblent si peu. Quand Fernande était ici, j'étais si heureux, si enivré au milieu de toutes mes souffrances, que je pensais tout ce qu'elle disait. Sylvia était mon amie, ma sœur chérie, comme elle était l'amie et la sœur chérie de Fernande. A présent, elle m'étonne et m'inspire de la méfiance. Je ne peux pas croire qu'elle ne soit pas mon ennemie; et la pitié qu'elle me marque m'humilie comme le plus superbe témoignage de mépris qu'une femme puisse donner à un ancien amant. Ah! si je pouvais me livrer à elle, pleurer dans son sein, lui dire ce que je souffre, et si j'étais sûr qu'elle y compatît!

Mais à quoi cela me mènerait-il? Elle est la sœur de Jacques, ou du moins il a en elle une amie si intime, qu'elle ne peut que blâmer et contrarier mon amour. Quand même elle serait assez généreuse pour désirer de me voir heureux avec une autre qu'elle, Fernande est précisément la seule femme qu'elle ne peut pas m'aider à obtenir. Ah! si elle me méprise, elle a bien raison, car je suis un homme sans caractère et sans conviction. Je sens que je ne suis ni méchant, ni vicieux, ni lâche; mais je me laisse aller à tous les flots qui me ballottent, à tous les vents qui me poussent. J'ai eu dans ma vie des moments de folle et sainte exaltation, puis des découragements affreux, puis des doutes cruels et un profond dégoût des gens et des choses qui m'avaient paru sublimes la veille. J'ai aimé Sylvia avec ferveur; j'ai cru pouvoir m'élever jusqu'à elle, qui me paraissait à demi cachée dans les cieux; puis je l'ai méprisée jusqu'à la soupçonner d'être une courtisane; puis je l'ai estimée au point de vivre son ami, après avoir été repoussé comme amant; maintenant elle me fait peur et j'ai comme une sorte de haine contre elle; et pourtant je ne puis m'arracher encore aux lieux qu'elle habite. Il me semble qu'elle a à me dire quelque parole qui pourra me sauver.

Mais pourquoi suis-je ainsi? Pourquoi ne puis-je ni rien croire, ni rien nier décidément? Oh! j'ai eu une belle nuit avec Fernande, j'ai versé à ses pieds des larmes qui m'ont semblé descendre du ciel; mais peut-être n'était-ce qu'une comédie que je jouais vis-à-vis de moi-même, et dont j'étais à la fois l'acteur inspiré et le spectateur niaisement émerveillé! Qui sait, qui peut dire ce qu'il est? Et à quoi sert de se chauffer le cerveau jusqu'à ce qu'il éclate? A quoi mène cette exaltation qui tombe d'elle-même comme la flamme? Fernande était sincère dans ses résolutions, dans sa confiance, la pauvre enfant; et tout en jurant à Dieu qu'elle ne m'aimerait point, elle m'aimait déjà en secret. Elle s'arrache au danger de me le dire, et elle me l'écrit naïvement! Oh! c'est cela qui me la fait aimer! c'est cette faiblesse adorable qui met son cœur au niveau du mien! D'elle, au moins, je n'ai jamais douté; je sens ce que j'ai senti dès le premier jour : c'est que nous sommes faits l'un pour l'autre et que son être est de la même nature que le mien. Ah! je n'ai jamais aimé Sylvia, c'est impossible, nous nous ressemblons si peu! Presser Fernande dans mes bras, c'est presser une femme, la femme de mon choix et de mon amour! et on s'imagine que j'y renoncerai! Mais qu'arrivera-t-il? Que m'importe? Si on la rend malheureuse, je l'enlèverai avec sa fille que j'adore, et nous irons vivre au fond de quelque vallée de ma patrie. Tu me donneras bien un asile? Ah! ne me sermonne pas, Herbert, je sais bien que je me rends malheureux et que je fais folie sur folie; je sais bien que, si j'avais une profession, je ne serais pas oisif; que, si j'étais comme toi, ingénieur des ponts et chaussées, je ne serais pas amoureux; mais que veux-tu que j'y fasse? je ne suis propre à aucun métier; je ne puis me plier à aucune règle, à aucune contrainte. L'amour m'enivre comme le vin; si je pouvais, comme toi, porter deux bouteilles de vin du Rhin sans extravaguer, j'aurais pu passer un an entre deux femmes charmantes sans être amoureux de l'une ni de l'autre.

Adieu; ne m'écris pas, car je ne sais pas où je vais.

Je fais mon portemanteau vingt fois par jour; tantôt je veux aller à Genève oublier Fernande, Jacques et Sylvia, et me consoler avec mon fusil et mes chiens; tantôt je veux aller me cacher à Tours, dans quelque auberge d'où je serai à portée d'écrire à Fernande et de recevoir ses réponses; tantôt je ris de pitié en me voyant si absurde; tantôt je pleure de rage d'être si malheureux.

XV

DE JACQUES A SYLVIA.

Ce que tu me mandes de ma fille m'effraye extrêmement ; c'est la première fois qu'elle est malade, et, dans l'ordre des choses, elle aurait dû et devra l'être souvent ; mais je ne puis commander à mon inquiétude quand il s'agit de mes enfants, parce qu'ils sont jumeaux, et que leur existence est plus précaire que celle des autres. La petite est bien plus délicate que son frère, et cela justifie la croyance générale qu'un des deux vit toujours aux dépens de l'autre dans le sein de la mère ; si elle va plus mal, écris-le-moi sans hésiter. J'irai te rejoindre, non pour aider à tes soins qui ne peuvent être que parfaits, mais pour te soulager de la terrible responsabilité qui pèse sur toi. J'ai caché et je cacherai cette nouvelle à Fernande aussi longtemps que je pourrai ; sa santé est réellement très-altérée, le chagrin et l'inquiétude aggraveraient son mal. Elle est entourée ici de soins, d'amitiés et de distractions; mais rien n'y fait. Elle est d'une tristesse qui me consterne, et ses nerfs sont dans un état d'irritation qui change entièrement son caractère. Tu as raison, Sylvia, cette séparation n'a produit rien de bon. Il y a peu d'âmes qui soient organisées assez vigoureusement pour se maintenir dans le calme d'une forte résolution; toutes les consciences honnêtes sont capables de la générosité d'un jour, mais presque toutes succombent le lendemain à l'effort du sacrifice. J'ai cru qu'il était de mon devoir de consentir à celui de Fernande et même de le seconder; ce n'est pas que j'en aie espéré un résultat heureux pour moi : quand l'amour est éteint, rien ne le rallume; et en m'arrachant à notre Dauphiné, je n'avais certainement pas sur le visage l'imbécile joie d'un mari dont la vanité triomphe; je n'avais pas non plus dans le cœur l'imprudent espoir d'un amant qui se flatte de retrouver son bonheur dans l'immolation du bonheur d'autrui. Je savais bien que Fernande aimerait Octave absent d'un amour plus acharné; que je ne la dérobais qu'au danger dont sa pudeur eût peut-être suffi pour la préserver. Je savais que le trait s'enfoncerait dans son cœur à mesure qu'elle s'efforcerait de le retirer. Tous les hommes oublient ce qu'ils ont éprouvé et feignent de ne plus savoir ce que c'est que l'amour, quand on leur retire celui qu'ils croyaient posséder. Il faut voir alors par quels stupides arguments ils essayent de prouver que la femme qui les quitte est coupable envers eux. Pour moi, je n'accuserais Fernande que dans le cas où elle recevrait mes caresses d'un front serein, avec un sourire trompeur sur les lèvres. Mais sa conduite est noble; sa tristesse protesterait contre ma tyrannie, si j'étais assez grossier pour l'exercer. Dans l'espèce d'aversion qu'elle me témoigne malgré elle de temps en temps, il y a une violence de sincérité que je préfère à une hypocrite douceur. Pauvre enfant! pauvre chère enfant! comme tu dis, elle fait ce qu'elle peut. Dans de certains moments elle se jette à mon cou en sanglotant, dans d'autres elle me repousse avec horreur. Ah! que peut-elle craindre de moi? Je lui proposerai bientôt de revenir, si son état ne s'améliore pas, car je ne veux pas qu'elle soit malheureuse et qu'elle me haïsse. Tous les chagrins, tous les affronts sur moi, plutôt que celui-là! J'attends encore quelques jours; l'excitation où elle est s'apaisera peut-être comme le redoublement d'une maladie. J'ai dû consentir à l'amener ici, même avec la conviction que cela ne servirait à rien; j'ai dû lui laisser la faculté de faire un noble effort, et de mettre dans sa vie le souvenir d'un jour de vertu; ce sera un remords de moins pour l'avenir, un droit de plus à mon respect. Quand elle sera lasse de combattre, je ne lèverai point le bras pour l'achever, mais je le lui offrirai pour s'y reposer. Hélas! si elle savait combien je l'aime! Mais je me tais désormais; mon amour serait un reproche, et je respecte sa souffrance. Insensé que je suis ! il y a des instants où je me flatte qu'elle va revenir à moi, et qu'un miracle va s'accomplir pour me récompenser de tout ce que j'ai dévoré de douleurs dans le cours de ma triste vie !

XVI

DE SYLVIA A JACQUES.

Il faut que tu viennes me trouver; ta fille tombe dans un état de marasme qui fait des progrès effrayants; amène quelque médecin plus habile que ceux que nous avons ici. Si Fernande est réellement aussi malade et aussi triste que tu le dis, cache-lui l'état de sa fille; et pourtant comment lui annoncerons-nous plus tard la vérité, si mes craintes se justifient? Fais ce que tu jugeras le plus prudent. La laisseras-tu ainsi sans toi chez ces Borel? La soigneront-ils bien? Il est vrai que sa mère va arriver au Tilly, à ce qu'elle me mande, et qu'elle ira chez elle si elle veut; mais d'après tout ce que tu m'as dit de sa mère, c'est une mauvaise amie et un triste appui pour Fernande. Ah! pourquoi nous sommes-nous quittés? cela nous a porté malheur.

Octave est parti pour Genève; il a accompli aussi

son sacrifice, que peut-on lui demander de plus? J'ai vainement essayé d'adoucir son chagrin par mon amitié ; je me suis convaincue plus que jamais que son âme n'est point grande, et que les petitesses de la vanité ou de l'égoïsme, je ne sais lequel des deux, en ferment l'entrée aux idées élevées et aux nobles sentiments. Croirais-tu qu'il a longtemps hésité à savoir si j'avais l'intention de découvrir ses secrets pour en abuser, ou si j'étais sincère dans mon désir de le réconcilier avec lui-même? Croirais-tu qu'il a eu l'idée ridicule que je lui faisais des coquetteries pour le ramener à mes pieds? Il me suppose ce vil et sot amour-propre, il me croit occupée à ces calculs petits et méprisables, quand mon cœur est brisé de la douleur de Fernande et de la sienne, quand je donnerais mon sang pour les guérir en les divisant, ou pour les envoyer vivre heureux dans quelque monde où tu n'aurais jamais mis le pied, et où leur bonheur ne toucherait point à ton existence. Pauvre Octave! son plus grand malheur est de comprendre par l'intelligence ce que c'est que la grandeur, mais d'avoir le cœur trop froid ou le caractère trop faible pour y atteindre. Il croit que Fernande est son égale et il se trompe: Fernande est très-au-dessus de lui, et Dieu fasse qu'elle puisse l'oublier! car l'amour d'Octave ne la rendrait peut-être que plus malheureuse. Enfin il est parti en me jurant qu'il allait en Suisse. Attendons le destin, et, quel qu'il soit, dévouons-nous à ceux qui n'ont pas la force de se dévouer.

XVII

D'OCTAVE A FERNANDE.

Votre mari est en Dauphiné et moi je suis à Tours ; vous m'aimez et je vous aime, voilà tout ce que je sais. Je trouverai moyen de vous voir et de vous parler, n'en doutez pas. N'essayez pas de me fuir encore, je vous suivrais jusqu'au bout de la terre. Ne craignez pas que je vous compromette, je serai prudent ; mais ne me réduisez pas au désespoir, et ne déjouez pas, par une inutile et folle résistance, les moyens que je prendrai pour arriver à vous sans que personne s'en doute. Que craignez-vous de moi ? quels sont ces dangers qui vous épouvantent ? Pensez-vous que je veuille d'un bonheur qui vous coûterait des larmes ? m'estimez-vous assez peu pour croire que je vous demanderai des sacrifices ? Je ne veux que vous voir, vous dire que je vous aime, et vous décider à retourner à Saint-Léon ; là nous reprendrons notre ancienne vie, vous resterez aussi pure que vous l'êtes et je serai aussi malheureux que vous voudrez. Je puis tout promettre et tout accepter, pourvu qu'on ne me sépare pas de vous ; cela seul est impossible.

J'ai déjà fait le tour du château et des jardins de Cerisy, j'ai déjà gagné le jardinier et apprivoisé les chiens. Cette nuit je suis passé sous vos fenêtres, il était deux heures du matin, et il y avait de la lumière dans votre chambre ; demain je vous écrirai comment nous pouvons nous voir sans le moindre danger. Je sais que vous êtes malade, et s'il faut répéter l'expression de ceux qui parlent de vous, un secret chagrin vous tue. Et tu crois que je t'abandonnerai quand ton mari te laisse pour aller serrer ses foins et philosopher avec Sylvia, tout en comptant ses denrées et son argent ? Pauvre Fernande ! ton mari est une mauvaise copie de M. de Wolmar ; mais certainement Sylvia ne se pique pas d'imiter le désintéressement et la délicatesse de Claire ; c'est une coquette froide et très-éloquente, rien de plus. Cesse de mettre ces deux êtres de glace au-dessus de tout, cesse de leur sacrifier ton bonheur et le mien ; jette-toi dans les bras de celui qui t'aime, réfugie-toi dans le seul cœur qui t'ait comprise. Impose-moi tous les sacrifices que tu voudras, mais laisse-moi pleurer à tes genoux encore une fois, te dire combien je t'aime, et que j'entende ce mot sortir de ta bouche

XVIII

D'OCTAVE A HERBERT.

Je suis à Tours depuis un grand mois, comptant les jours le plus patiemment que je peux, et attendant les rares instants où il m'est permis de la voir. Encore ai-je perdu quinze jours à demander et à obtenir cette faveur. L'imprudente! elle ne sait pas combien sa résistance, ses scrupules et ses larmes m'attachent à elle, et donnent de force à ma passion. Rien n'irrite mon désir, rien ne m'éveille de mon indolence naturelle, comme les obstacles et les refus. J'ai eu assez à combattre sa terreur d'être découverte et compromise, j'ai été fort occupé. Tu dis que je n'ai pas d'emploi; je t'assure qu'il n'y a pas de profession plus active et plus assujettissante que celle de pénétrer auprès des femmes que le monde et la vertu se chargent de garder. J'ai eu à lutter contre madame de Luxeuil (cette Clémence dont je t'ai parlé une fois), le philosophe le plus pédant et le plus insupportable de la terre, la femme la plus sèche, la plus froide, la plus jalouse du bonheur d'autrui. Je l'avais parfaitement jugée d'après ses lettres. J'ai eu occasion de faire parler d'elle un mien ami qui est à Tours, et qui la connait fort bien, parce qu'elle y vient souvent. Je sais maintenant que c'est ce qu'on appelle une personne distinguée, un de ces êtres qui ne peuvent ni aimer, ni se faire aimer, et qui donnent leur malédiction à tout ce qui aime sur la terre ; pédagogues femelles qui ont le triste avantage de voir clairement le malheur des autres, et de le prédire avec une joie malicieuse pour se consoler d'être étrangers aux biens et au maux des vivants ; momies qui ont des sentences écrites sur parchemin à la place du cœur, et qui mettent leur gloire à étaler leur fatal bon sens et leur raison impitoyable à défaut d'affection et de bonté. Sachant que Fernande était à Cerisy et qu'au dire des voisins tourangeaux elle se mourait d'une maladie de langueur, elle est venue la voir et se repaitre de sa tristesse, comme un corbeau qui attend le dernier soupir d'un mourant sur le champ de bataille. Je ne sais même pas si elle n'a pas indisposé contre la pauvre Fernande madame Borel, leur compagne commune de couvent. Fernande trouve que tout le monde lui bat froid, et ne peut s'empêcher de regretter Saint-Léon. Elle y retournera, je la déciderai, et là je vaincrai ses scrupules et les miens, oui, les miens. Je t'avoue, Herbert, que je suis le plus misérable séducteur qu'il y ait jamais eu. Je ne suis un héros ni dans la vertu ni dans le vice : c'est peut-être pour cela que je suis toujours ennuyé, agité, et malheureux les trois quarts du temps. J'aime trop Fernande pour renoncer à elle. Je préfère commettre tous les crimes et supporter tous les malheurs. Mais cet amour est trop vrai pour que je veuille la persécuter et l'effrayer par des transports qu'elle ne partage pas encore. Elle les partagera, Dieu et la nature le veulent. Quelle digue peut s'opposer à l'amour de deux êtres qui s'entendent, et dont les brûlantes aspirations s'appellent et se répondent à toute heure ? Je conçois les joies extatiques de l'amour intellectuel chez des amants jeunes et pleins de vie, qui retardent voluptueusement l'étreinte de leurs bras pour s'embrasser longtemps avec l'âme. Chez les captifs ou les impuissants, c'est une vaine parade d'abnégation qu'expient en secret le spleen et la misanthropie. Je divague donc avec Fernande, et je m'élève dans les régions du platonisme tant qu'elle veut. Je suis sûr de redescendre sur la terre et de l'y entraîner avec moi quand je voudrai.

Tu dois t'étonner de la vie que je mène. Moi aussi ; mais, au bout du compte, cet abandon de moi-même au hasard ou au destin, cette soumission de mes actions à mes passions est la seule chose qui me convienne. Je suis un vrai jeune homme, je le sais, au moins je l'avoue, et seul peut-être parmi tous ceux que je vois, je ne joue point de rôle. Je me laisse aller au gré de ma nature, et je n'en rougis pas. Les uns se drapent, les autres se fardent; il en est qui se plâtrent et veulent se changer en statues majestueuses. Il en est d'autres qui attachent des ailes de papillon à des organisations de tortue. En général, les vieux se font jeunes, et les jeunes affectent la sagesse et la gravité de l'âge mûr. Moi, je suis tout ce qui me passe par la tête, et ne m'occupe en aucune façon des spectateurs. J'écoutais dernièrement deux hommes se dépeindre l'un à l'autre. L'un se disait bilieux et vindicatif, l'autre indolent et apathique. Quand nous nous séparâmes en quittant la diligence, tous deux s'étaient déjà révélés. Le prétendu bilieux s'était laissé provoquer avec le plus grand sang-froid par l'apathique, lequel n'avait pu supporter une contradiction très-légère sur une question politique. Le besoin de l'affectation est si grand chez les hommes, qu'ils se vantent des défauts qu'ils n'ont pas, plus volontiers que des qualités qu'ils peuvent avoir.

Moi, je cours après l'aimant qui m'attire et ne tourne les yeux ni à droite ni à gauche pour savoir ce qu'on dit de ma démarche. Quelquefois je me regarde au miroir, et je ris de moi-même; mais je ne change rien à ma manière d'être, cela me donnerait trop de peine. Avec ce caractère-là, j'attends sans trop d'ennui ni de désespoir ce que le destin va faire de moi j'occupe mes instants le plus paisiblement du monde; la pensée de mon amour suffit pour réchauffer ma tête et entretenir mon espérance. Enfermé dans ma petite chambre d'auberge assez fraîche et sombre, j'emploie à dessiner ou à lire des romans (tu sais que j'ai la passion des romans) les heures les plus chaudes de la journée. Personne ici ne me connaît que deux ou trois jeunes gens de Paris qui n'ont aucun rapport avec les Borel. D'ailleurs, les Borel ne connaissent ni mon nom ni ma figure, et mon séjour ici ne peut compromettre Fernande auprès de personne. Jacques lui écrit toujours qu'il reviendra la chercher la semaine prochaine; mais il est clair comme le jour qu'il n'y pense guère, ou qu'il est plus occupé des soins de son exploitation que de sa femme. Il est vrai qu'il ne tient qu'à elle de demander des chevaux de poste, de monter dans sa voiture avec Rosette et d'aller le rejoindre. C'est à quoi je travaille à la décider; car je partirais aussitôt pour mon ermitage, et j'arriverais à quelques jours de distance, en disant à Jacques et à Sylvia que j'ai été faire un tour en Suisse. Ou ils ne se doutent de rien, ou ils veulent ne rien voir. Cette dernière opinion est celle à laquelle je m'abandonne le plus volontiers; elle apaise beaucoup un reste de remords qui me revient à l'esprit, lorsque Fernande, avec ses grands yeux humides d'amour, et ses grands mots de sacrifice et de vertu, me replonge dans les incertitudes du désir et de la timidité. Moi, timide? c'est pourtant vrai. J'escaladerais les murailles de Babel, et je braverais tous les gardiens de la beauté, eunuques, chiens et gardes-chasse; mais un mot de la femme que j'aime me fait tomber à genoux. Heureusement les prières d'un amant sont plus impérieuses que les menaces de toute la terre, et même que les terreurs de la conscience. Je verrai Fernande ce soir. Elle vient quelquefois au bal des officiers de la garnison avec madame Eugénie Borel; je la fais danser sans avoir l'air de la connaître, si ce n'est comme une figure de bal, et je trouve le moyen de lui dire quelques mots. Madame Borel a ici une grande vieille maison déserte, une espèce de pied-à-terre dont on n'ouvre les volets et les portes qu'une fois par semaine. Il doit être facile d'y pénétrer et d'y donner rendez-vous à Fernande. Elle ne veut plus que j'aille rôder dans le parc de Cerisy. J'aime pourtant bien l'amour espagnol, mais la poltronne n'est plus du même avis.

XIX

DE M. BOREL A JACQUES.

Mon vieux camarade,

Ta fille se meurt, c'est fort bien ; mais ta femme se perd, c'est autre chose. Tu ne peux empêcher l'un, e tu dois t'opposer à l'autre. Laisse donc tes enfants à quelque personne sûre, et reviens chercher madame Fernande. Je me chargerais bien de te la reconduire si tu m'avais donné le droit de lui commander. Mai je n'ai eu de toi à ton départ que cette parole : « Mon ami, je te confie ma femme. » Je ne sais pas bien ce que tu entendais par là, toi qui es un philosophe, et don les idées diffèrent beaucoup des nôtres ; moi, je sui un vieux militaire et ne connais que le code du régi ment. Or, dans mon temps, voilà comme cela se pas sait, et, dans mon intérieur, voici comment cela se passe encore. Quand un mari, un frère d'armes me recommande sa femme ou sa maîtresse, sa sœur ou s fille, je me crois investi des droits, ou, pour parler plus juste, chargé des devoirs suivants: 1° Souffleter ou bâtonner tout impertinent qui s'adresse à elle avec l'intention évidente de porter atteinte à l'honneur de mon ami, sauf à rendre raison de ma manière de procéder au souffleté ou au bâtonné, si telle est son humeur. Ce premier point sera fidèlement exécuté, tu peux y compter, si le larron de ton honneur me tombe sous la main; mais jusqu'ici il est aussi insaisissable que la flamme et le vent. 2° Je me crois obligé, quand la femme de mon ami est récalcitrante ou sourde aux bons conseils que je tâche de lui donner d'abord, d'avertir mon ami, afin qu'il mette ordre lui-même à sa conduite, car je n'ai point le droit de la corriger comme je ferais de la mienne en pareille circonstance. Voilà ce dont je m'acquitte, mon cher Jacques, avec beaucoup de chagrin et de répugnance, comme tu peux croire; mais enfin il le faut. Ce n'est pas une petite responsabilité que d'avoir à garder intacte la vertu d'une femme jeune et jolie comme la tienne. J'ai fait de mon mieux, mais je ne puis empêcher qu'on se moque de moi; une femme en sait plus long qu'un homme sous ce rapport. Me taire serait tolérer et encourager le mal, et prêter ma maison à un commerce dont ma femme et moi semblerions complices. Je te transmets donc les faits tels qu'ils sont, tu en feras l'usage que tu voudras.

Il y a quinze jours, ou pour mieux dire quinze nuits, j'entendis passer et repasser quelqu'un sous ma fenêtre à deux heures du matin. Mon grand lévrier, qui dort toujours au pied de mon lit, s'élança en hurlant vers la croisée entr'ouverte, et, à ma grande surprise, ce fut le seul chien de la maison qui prit la chose en mauvaise part. Tous les autres, bien qu'accoutumés à faire leur devoir, ne disaient mot, et je pensai que c'était quelqu'un de la maison. J'appelai, je criai: *Qui vive?* plusieurs fois, personne ne répondit; je pris une simple canne à épée et je sortis, mais je ne trouvai personne, et madame Fernande, qui était à sa fenêtre, m'assura n'avoir rien vu et rien entendu. Cela me parut singulier et invraisemblable; mais je n'en témoignai rien, et je me tins sur mes gardes les nuits suivantes. Deux nuits après j'entendis très-distinctement les mêmes pas, mon lévrier fit le même tapage, mais je l'apaisai et je descendis dans le jardin sans faire de bruit. Je vis fuir d'un côté un homme, et de l'autre une femme, qui n'était ni plus ni moins que la tienne. Je ne me montrai pas à elle dans cet instant, mais le lendemain, au déjeuner, j'essayai de lui faire entendre que je m'étais aperçu de quelque chose; elle ne voulut pas comprendre. Néanmoins le galant ne revint plus. J'avais eu d'abord l'intention d'avoir une explication formelle avec ta femme; mais la mienne m'en empêcha, elle s'en était déjà chargée; et pour ne pas affliger Fernande, comme les femmes entre elles connaissent mieux les petits ménagements, elle avait dit qu'elle seule avait découvert son intrigue. Madame Fernande avait répondu, avec force larmes et attaques de nerfs, qu'elle avait en effet inspiré une violente passion à un pauvre jeune fou pour lequel elle n'avait que de l'amitié, et qu'elle avait écouté par compassion au moment de l'éloigner d'elle pour toujours. Je te répète les paroles dont ma femme, qui n'est pas mal romanesque non plus dans son genre, s'est servie en me racontant le fait. Tu croiras de cette prétendue amitié tout ce qu'il te plaira; pour moi, je n'en crois pas un mot; mais comme Fernande jurait à Eugénie que le monsieur était parti au moins pour l'Amérique, comme il ne se passait plus rien depuis plusieurs jours, je renonçai de bon cœur à la tâche désagréable que je remplis aujourd'hui.

L'affaire en était là quand le colonel de la garde royale nous invita à ses bals. Je n'aime guère ces freluquets de la nouvelle armée, qui portent des talons rouges au lieu de cicatrices, et des ordres étrangers au lieu de notre vieille croix; mais, au bout du compte, le colonel est un aimable homme. Quelques-uns de ces messieurs sont d'anciens militaires que la nécessité d'avoir un état a forcés de retourner leur casaque; on boit de bon vin à leurs soupers et on joue gros jeu; tu sais que je ne suis pas un saint, ma femme aime la danse comme une vraie folle; après avoir un peu grogné, je consentis à la mettre dans sa calèche, à prendre les rênes et à la conduire à Tours avec madame Fernande qui s'avouait beaucoup mieux portante, et madame Clémence, cette bégueule que je n'aime guère, et qui, grâce à Dieu, prit congé de nous en arrivant à la ville. Ta femme se fit belle comme un ange pour aller au bal; et vraiment on n'eût pas dit, en la voyant, qu'elle fût si malade qu'elle prétend l'être. Je m'en allai avec ceux qui ne dansent pas, et je laissai ces dames avec ceux qui n'ont pas eu les pieds gelés en Russie; je recommandai seulement à Eugénie de surveiller de près sa compagne, et de m'avertir sur-le-champ si elle dansait plusieurs fois ou si elle causait trop souvent avec quelqu'un. Je revins moi-même trois ou quatre fois donner un coup d'œil à leur manière d'être. Tout se passa fort bien en apparence, et à moins que ma femme ne soit d'accord avec la tienne, ce dont je la crois incapable, il faut que le cavalier soit très-adroit et moins *insensé* que Fernande ne l'avait dépeint. Il faut aussi qu'elle ait été de très-bon accord avec lui, pour ne pas me le faire connaître; car il m'est impossible d'imaginer avec lequel de ceux qui l'ont fait danser durant deux bals a pris avec elle les mesures qu'elle a su si bien exécuter. Je poursuis mon récit.

Le lendemain du dernier bal, quand nous fûmes de retour à Cerisy, elle nous dit qu'elle avait oublié une emplette, et qu'elle s'amuserait à monter à cheval *un de ces jours* pour faire cette course. Je lui répondis qu'au jour et à l'heure qu'elle choisirait, je serais prêt à l'accompagner avec ma femme, ou sans ma femme, si cette dernière était occupée. Je lui proposai le lendemain ou le surlendemain. Elle me dit que cela dépendrait de l'état de sa santé, et qu'elle m'avertirait le premier matin où elle se sentirait bien. Le lendemain, vers midi, ne la voyant point descendre au salon, je craignis qu'elle ne fût plus malade qu'à l'ordinaire, et j'envoyai savoir de ses nouvelles ; mais sa femme de chambre nous répondit qu'elle était partie, à six heures du matin, à cheval et suivie d'un domestique. Cela m'étonna un peu, et j'allai prendre des informations à l'écurie. Je savais que la jument d'Eugénie et l'autre petite bête que monte ta femme ordinairement étaient allées chez le maréchal ferrant, à deux lieues d'ici. Fernande avait donc été obligée de monter mon cheval qui est beaucoup trop vigoureux pour une femme aussi poltronne qu'elle ; cela me sembla trahir un singulier empressement d'aller à Tours, et me jeta dans une double inquiétude. Je craignais qu'elle ne se rompît le cou, et, ma foi ! c'eût été bien autre chose que tout le reste. J'allai l'attendre à la grille du parc, et je la vis bientôt arriver au triple galop, couverte de sueur et de poussière. Elle fut assez déconcertée en m'apercevant ; elle espérait sans doute rentrer et se dépouiller de cet accoutrement de marche forcée, sans être remarquée ; mais elle reprit courage et me dit avec assez d'aplomb : — Ne trouvez-vous pas que je suis bien matinale et bien brave ? — Oui, lui dis-je, je vous fais compliment d'être changée à ce point depuis le départ de Jacques. — Et vous voyez comme je mène bien votre cheval ? ajouta-t-elle, en feignant de ne pas comprendre. Je me porte vraiment bien aujourd'hui ; je me suis levée avec le jour, et voyant un si beau temps je n'ai pu résister à la fantaisie de faire cette expédition. — C'est très-joli de votre part, repris-je ; mais Jacques vous laisse-t-il courir les champs toute seule de la sorte? — Jacques me laisse faire tout ce que je veux, répondit-elle d'un petit ton sec, et elle partit au galop sans ajouter un mot de plus. J'essayai de la faire sermonner par ma femme ; mais les femmes se soutiennent entre elles comme les larrons ; je ne sais ce qu'elles se dirent. Eugénie me pria de ne pas me mêler de cette affaire, et voulut me prouver que je n'avais pas le droit de faire des leçons à une personne qui n'était ni ma sœur, ni ma fille ; que mes épigrammes étaient brutales et blessaient Fernande, ce qui était contraire aux égards que nous devions à son isolement et aux devoirs de l'hospitalité. Que sais-je? elle me raisonna si bien que je me tus encore, et que ta femme retourna à Tours de la même façon deux jours après, c'est-à-dire hier. Que pouvais-je lui dire pour l'en empêcher, après tout? Et qui l'empêchait de me répondre qu'elle allait tout simplement acheter des gants et des souliers blancs? Eugénie le croyait ou feignait de le croire ; or, voici le dénoûment.

Tu sais aussi bien que moi que dans les villes de province tout se remarque, tout s'interprète et tout se découvre. La jolie figure de ta femme avait fait trop de sensation dans les bals pour que les officiers de la garnison ne cherchassent pas à lui faire la cour ; et, comme il n'y a pas de meilleures prudes que les femmes qui cachent un petit secret, ils étaient tous repoussés avec perte. Ils la virent passer le premier matin et la suivirent de loin jusqu'à notre *maison de ville*, comme ma femme appelle son pied-à-terre ; ils la virent entrer et sortir, remarquèrent le temps qu'elle y passa, s'informèrent, surent qu'il n'y avait personne dans la maison, et se demandèrent naturellement si c'était pour dormir ou pour prier Dieu qu'elle venait s'enfermer là pendant deux heures. Oisifs comme des officiers en garnison et malicieux comme de vrais sous-lieutenants, cinq ou six d'entre eux firent si bonne enquête, qu'ils découvrirent une certaine issue de derrière par laquelle sortit, quelque temps après que Fernande fut partie, un jeune homme que l'on ne connaît pas par son nom, mais qu'on a vu à l'auberge de la Boule d'or depuis quelque temps. Hier, lorsque la pauvre Fernande retourna au rendez-vous, on attendit que le compère se fût introduit de son côté, et on lui ferma la retraite sans qu'il s'en aperçût ; puis on monta la garde autour de la maison, et on laissa sortir Fernande sans l'effaroucher par aucune démonstration hostile ; ces messieurs sont tous gens de bonne famille et trop bien élevés pour adresser la parole à une dame en pareille occasion. De mon temps, nous n'aurions pas été si respectueux ; mais autres temps, autres mœurs, heureusement pour ta femme. Ces messieurs n'en voulaient qu'à l'heureux rival qu'elle leur préférait. Elle monta à cheval dans la cour après avoir pris la clef du rez-de-chaussée qu'elle avait demandée à ma femme sous prétexte de prendre un instant de repos dans le salon, pendant qu'on briderait son cheval pour repartir; elle remit cette clef dans sa poche, non sans avoir bien barricadé son amant pour qu'il ne fût dérangé dans sa retraite par aucun curieux; et le domestique qui l'accompagnait, et qui était ou n'était pas dans le secret, emporta également la clef de la cour. Fernande partit au milieu d'une haie de spectateurs qui feignaient de fumer leur pipe en parlant de leurs affaires, mais qui se portèrent aussitôt après en embuscade à la fenêtre du grenier par où l'amant était entré d'une maison voisine. Ils contemplèrent avec grand plaisir les inutiles efforts qu'il fit pour sortir; ils le tinrent longtemps prisonnier, et voulaient, dit-on, le forcer à parlementer en répondant à de certaines questions, moyennant quoi on l'aurait mis en liberté. Il resta muet à tous les appels, à toutes les plaisanteries, et se tint tout le jour tranquille comme s'il eût été mort. Les vauriens d'assiégeants décidèrent qu'on le prendrait par la famine, et qu'on monterait la garde toute la nuit; on posa des postes autour de la maison, et on les releva d'heure en heure comme des factions militaires. Mais le captif, désespéré, fit une sortie à laquelle on ne s'attendait pas, et s'évada par les toits d'une manière qu'on dit miraculeuse de hardiesse et de bonheur. On le vit passer comme une ombre dans les airs, mais on ne put le joindre; et ce matin il a quitté la ville sans qu'on sache quelle route il a prise.

Ton ancien camarade Lorrain, qui est aujourd'hui chef d'escadron dans les chasseurs de la garde royale, est venu dîner avec nous, et m'a raconté toute l'affaire non sans un certain plaisir, car il ne t'aime pas infiniment. Je suis monté chez ta femme aussitôt qu'il a été parti ; elle s'était donnée pour malade toute la journée et n'avait pas quitté sa chambre. Je lui ai fait une scène de tous les diables, et elle s'est mise en colère comme un petit démon. Au lieu de me prier de me taire, elle m'a défié de t'informer de sa conduite, et m'a déclaré que je n'avais pas le droit de lui parler ainsi ; que j'étais *un butor*, et qu'elle ne souffrirait pas de toi-même les reproches que je lui faisais. S'il en est ainsi, fais comme tu voudras, je m'en lave les mains ; mais ma conscience m'ordonne de te dire ce qui en est.

Elle m'a chassé de sa chambre, et voulait envoyer chercher sur-le-champ des chevaux de poste et quitter une maison où elle se disait insultée et opprimée. Eugénie s'est efforcée de la calmer, et une violente attaque de nerfs qui cette fois est, je crois, bien réelle, est venue terminer le différend. Elle est au lit maintenant, et Eugénie passera la nuit auprès d'elle ; moi, je me hâte de t'écrire, parce que je crains que demain la force et la volonté ne lui reviennent de partir, et je ne peux pas la laisser s'en aller ainsi toute seule avec cette petite soubrette qui m'a l'air, par parenthèse, d'une sournoise très-rouée. Je ferai mon possible pour lui persuader de t'attendre ; mais, pour

Dieu! tire-moi bien vite de cet embarras. Ne me fais pas de reproches, car tu vois que j'ai agi pour le mieux, et que je ne suis pas responsable de ce qui arrivera désormais; si elle veut partir, faire quelque folie, se laisser enlever, que sais-je? puis-je la mettre sous les verrous? Je ne te cache pas qu'elle a la tête perdue; dans l'indignation que m'inspirait sa résistance à mes avis, il m'est échappé qu'elle ferait mieux d'aller soigner sa fille qui se meurt, que de s'occuper d'un amour extravagant qui la livre déjà à la risée de toute une province et de tout un régiment. J'ai été fâché aussitôt d'avoir trahi le secret que tu m'avais recommandé, car elle est tombée dans des convulsions qui m'ont prouvé que cette nouvelle lui fait beaucoup de peine, et qu'elle n'a pas oublié l'amour maternel. Je termine en te priant d'avoir de l'indulgence envers elle. Je connais ton sang-froid, et compte sur la prudence de ta conduite; mais joins-y un peu de pitié pour cette pauvre égarée. Elle est bien jeune, elle pourra se ranger et se repentir. Il y a de bien bonnes mères de famille qui ont eu leurs jours d'égarement; elle a, je crois, un bon cœur; du moins avant son mariage elle était charmante; je ne l'ai plus reconnue quand tu nous l'as ramenée avec des caprices, des convulsions et des violences dont je ne l'aurais jamais crue capable autrefois. Tu m'as paru être un mari bien débonnaire, je ne te le cache pas; tu vois ce que c'est que d'être trop amoureux de sa femme. D'autres disent que tu as quelques torts à te reprocher, et que tu vis là-bas dans une intimité un peu trop tendre avec une espèce de parente qui est venue te trouver après ton mariage, on ne sait pas d'où. Je sais bien que lorsqu'une femme est enceinte ou nourrice, on est excusable d'avoir quelque fantaisie; mais il ne faut pas que cela se passe sous le toit conjugal; c'est une grande imprudence, et voilà comme elles s'en vengent. Ne te fâche pas de ce que je te dis, c'est le propos d'un commis voyageur qui, entendant raconter l'aventure de Fernande ce matin dans un café, a dit que tu méritais un peu ton sort; c'est peut-être un mensonge. Quoi qu'il en soit, viens, ne fût-ce que pour découvrir la retraite de ton rival et le traiter comme il le mérite; je t'aiderai. Je ferme ma lettre, il est minuit. Ta femme vient de s'endormir, c'est-à-dire qu'elle va mieux. Je lui ferai des excuses demain.

XX

DE FERNANDE A OCTAVE.

Tilly, près Tours.

Je suis chez ma mère : offensée et presque insultée par M. Borel, je suis venue me réfugier, non dans le sein d'une protectrice et d'une amie, mais sous le toit d'une personne dont les leçons, quelque dures qu'elles soient, ne seront point des usurpations de pouvoir ; je puis entendre sortir de sa bouche bien des paroles qui me révoltaient dans celle de ce soldat brutal et grossier. Je pars demain pour Saint-Léon ; ma mère m'y conduit. Elle sait notre misérable aventure ; qui ne la sait pas ? mais elle a été moins cruelle pour moi que je ne m'y attendais. Elle rejette tout le blâme sur mon mari, et, malgré tout ce que je puis dire, s'obstine à croire que Sylvia est sa maîtresse, et qu'il m'abandonne pour vivre avec elle. Je ne sais pas qui a répandu dans le pays cet infâme mensonge ;

tout le monde l'accueille avec l'empressement qu'on met à croire le mal. Hélas! ce n'était donc pas assez que je le rendisse ridicule par ma folle conduite, je ne puis empêcher qu'on le calomnie! Sa bonté, sa confiance envers moi, seront attribuées à des motifs odieux! Je suis sûre que Rosette nous trahit et vend nos secrets; je l'ai rencontrée tout à l'heure comme elle sortait de chez ma mère, et elle s'est beaucoup troublée en me voyant. Un instant après, ma mère est venue me parler de mon ménage, de mon imprudent amour! et j'ai vu qu'elle était informée des plus petits détails de notre histoire; mais informée, de quelle manière! Les faits, en passant par la bouche de cette servante, étaient salis et dénaturés comme vous pouvez penser: nos premiers rendez-vous au grand ormeau, alors que je croyais me livrer à un sentiment si pur et si peu dangereux, ont été présentés comme une intrigue effrontée; l'accueil que Jacques vous fit alors a été traité d'infâme complaisance; et notre double amitié, si longtemps paisible et toujours si pure, est condamnée sans appel comme un double commerce de galanterie. Que puis-je répondre à de telles accusations! Je n'ai pas la force de me débattre contre une destinée si déplorable; je me laisse accabler, humilier, salir. Je pense à ma fille qui se meurt, et que je retrouverai peut-être morte dans trois jours. Il semble que le ciel soit en colère contre moi; j'ai donc commis un grand crime en vous aimant? Votre lettre me fait autant de bien qu'il m'est possible d'en ressentir ; mais que pouvez-vous réparer désormais ? Je sais que vous souffrez autant que moi de mes maux, je sais que vous donneriez votre vie pour m'en préserver, mais il est trop tard. Je ne vous ferai point de reproches ; je suis perdue, à quoi servirait de me plaindre ?

Je ne sais pas comment m'est parvenue votre lettre ; mais je vois, au moyen que vous m'indiquez pour recevoir ma réponse, que vous n'êtes pas loin, et que vous pénétrez presque dans la maison. Octave, Octave ! vous m'êtes funeste, vous m'avez perdue par la conduite où vous persévérez obstinément. A quoi servira cette sollicitude et ces poursuites passionnées qui exposent votre vie et qui ruinent mon honneur ? Pourquoi voulez-vous me disputer ainsi à une société qui rit de nos efforts, et pour qui notre affection est un sujet de scandale et de moquerie ? Sous quelque déguisement et avec quelque précaution que vous approchiez de moi, vous serez encore découvert. La maison est petite, je suis gardée à vue, et Rosette vous connaît : vous voyez où mènent le secours et le dévouement de ces gens-là ; pour un louis ils vous secondent, pour deux ils vous vendent. A quoi vous servira de me voir ? vous ne pouvez rien pour moi. Il faut que mon mari sache tout, et que j'obtienne son pardon. Ce ne sera pas difficile ! je connais trop bien Jacques pour craindre aucun mauvais traitement de sa part ; mais son estime me sera retirée à jamais, il n'aura plus pour moi que de la compassion, et sa bonté m'humiliera comme un affront perpétuel. Pour vous, si vous vous obstinez à me voir encore, vous payerez peut-être cette obstination de votre vie; car Jacques se réveillera enfin du sommeil où la confiance plonge son orgueil. Je ne puis vous empêcher de chercher l'accomplissement de votre fatale destinée ; vous ne pouvez augmenter le mal que vous m'avez fait, qu'en trouvant la mort dans les conséquences de votre amour. Eh bien! soit. Tout ce qui pourra hâter la mienne sera un bienfait de Dieu : qu'il m'enlève ma fille et qu'il vous frappe, je vous suivrai de près.

XXI

D'OCTAVE A FERNANDE.

Je t'ai perdue, tu es désespérée, et tu crois que je t'abandonnerai? Tu crois que je tiendrai compte des dangers auxquels ma vie peut être exposée, quand la tienne est compromise et désolée par ma faute? Me prends-tu pour un lâche? Ah! c'est bien assez d'être un fou que Dieu maudit, et dont la fatalité déjoue toutes les espérances et traverse toutes les entreprises. N'importe, ce n'est point le moment des plaintes et du découragement; songe que je ne puis plus te compromettre maintenant, le mal est fait, rien ne m'en consolera; et mon cœur saignera éternellement pour ma faute. Mais si le passé n'est pas réparable, du moins l'avenir nous appartient, et je ne supporte pas l'idée qu'il doive être pour toi un châtiment implacable et éternel. Pauvre infortunée! Dieu ne veut pas que tu te résignes à souffrir toute ta vie d'une faute que tu n'as pas commise; s'il veut punir, il faudra qu'il commence par moi; mais, va, Dieu est indulgent, et il protége ceux que le monde abandonne. Il te préservera, lui seul sait de quelle façon; du moins il te rendra ta fille. Ce misérable Borel aura exagéré son mal pour se venger de la juste fierté avec laquelle tu repoussais ses insolentes réprimandes; quand j'ai quitté Saint-Léon, elle était très-légèrement indisposée, et sa constitution annonçait une force capable de résister aux maladies inévitables de l'enfance. Tu la retrouveras guérie, ou, du moins, elle guérira en dormant sur ton sein. Tout le mal est venu, à elle comme à nous, de ton départ. Nous étions une heureuse famille, croyant les uns aux autres, et une même vie semblait nous animer; tu as voulu rompre cet accord que le ciel ordonnait. Il te poussait dans mes bras; Jacques l'aurait ignoré ou toléré, et Sylvia n'aurait osé s'en offenser. A présent le monde a parlé, il a jeté sa hideuse malédiction sur nos amours; il faut les laver avec du sang. Laisse faire, j'offrirai le mien à Jacques jusqu'à la dernière goutte. Ne sais-tu pas que je serais le dernier des lâches si j'agissais autrement? S'il doit s'apaiser en prenant ma vie et te rendre le bonheur, je mourrai consolé et purifié de mon crime; mais s'il te maltraite, s'il te menace, s'il t'humilie seulement, malheur à lui! Je t'ai jetée dans le précipice, je saurai t'en retirer. Crois-tu que je m'inquiète du monde? J'ai cru autrefois que c'était un maître sévère et juste;

j'ai rompu avec lui du jour où il m'a défendu de t'aimer; à présent, je brave ses anathèmes; je te prendrai dans mes bras et je t'emporterai au bout de la terre; j'enlèverai tes enfants, ta fille au moins avec toi; et nous vivrons au fond de quelque solitude où les clameurs insensées de la société ne nous atteindront pas. Je n'ai pas, comme Jacques, une grande fortune à t'offrir, mais ce que je possède t'appartiendra; je me vêtirai en paysan et je travaillerai pour que ta fille ait une robe de soie, et pour que tu n'aies rien à faire qu'à jouer avec elle. Le sort que je te ferai sera moins brillant que celui dont tu jouis, mais il te prouvera plus d'amour et de dévouement que tous les dons de ton mari. Relève donc ton courage et hâte-toi d'aller à Saint-Léon. Si je ne craignais d'augmenter sa colère, je viendrais te prendre ce soir dans une chaise de poste, et je te conduirais moi-même à ton mari; mais il croirait peut-être, dans le premier moment, que je viens pour le braver, et telle n'est pas mon intention. Je vais m'offrir à lui, et lui donner la réparation qu'il voudra; il me mépriserait, avec raison, si je fuyais dans un pareil moment. Je suis entré dans le petit jardin de ta mère ce matin, et je l'ai vue en grand conciliabule avec Rosette; chasse cette fille le plus tôt possible. Je t'ai vue aussi, dans quel état de pâleur et d'abattement! J'ai senti toutes les tortures du remords et du désespoir. J'étais habillé en paysan, et c'est moi qui ai vendu à ton domestique les fleurs où tu as dû trouver mon premier billet. Je te porterai moi-même celui-ci ce soir au moment de ton départ, et je ferai le voyage à deux pas derrière toi. Prends courage, Fernande; je t'aime de toutes les forces de mon âme; plus nous serons malheureux, et plus je t'aimerai.

XXII

D'OCTAVE A HERBERT.

J'ai bien des choses à te raconter. Je suis reparti pour le Dauphiné, le 15 au soir, avec Fernande et madame de Theursan ; la mère était bien loin de se douter qu'un des deux postillons qui la conduisaient n'était autre que l'amant à qui elle se flattait d'enlever sa fille. Cette madame de Theursan, qui est du reste une méchante femme, est prudente et amie des mesures sages et adroites ; elle avait dans la journée congédié Rosette, et l'avait fait partir pour Paris avec une somme assez forte et une lettre de recommandation pour une personne qui doit la placer avantageusement. J'ai rencontré la soubrette dans une auberge du village voisin où elle prenait la diligence ; j'avais envie de la cravacher ; mais j'ai pensé que, dans l'intérêt de Fernande, je devais faire tout le contraire.

J'ai donc doublé le présent de madame de Theursan, et je l'ai vue partir pour Paris. Là du moins les méchancetés de sa langue seront perdues dans le grand orage des voix qui planent sur l'abîme où tout s'engloutit pêle-mêle, fautes et blâme. Au moment du départ de Fernande, j'ai vu avec plaisir madame Borel lui donner des témoignages d'amitié qui ont dû répandre quelque consolation dans son cœur brisé. A l'approche du premier relais, après avoir échangé un regard, une poignée de main et un billet à la portière avec Fernande, j'ai quitté mon costume et j'ai couru la poste à franc étrier toute la nuit derrière sa voiture; à chaque relais je m'approchais d'elle, et je voyais, à la lueur mystérieuse de quelque lanterne, un peu d'espoir et de plaisir dans ses yeux. Au jour, pendant qu'elle déjeunait dans une auberge, j'ai loué une chaise et j'ai continué ainsi mon voyage. Envoie-moi vite de l'argent, à propos; car, si j'avais quelque nouvelle expédition à faire, je ne saurais comment m'en tirer.

Madame de Theursan a bien remarqué ma figure sur la route; mais elle ne m'avait jamais vu, et j'avais l'air d'un voyageur de commerce si indifférent à elle et à sa fille, qu'elle ne pouvait deviner mon dessein. Je me suis arrêté sur la route, à l'entrée du vallon de Saint-Léon, et je l'ai laissée s'engager dans la plaine; j'ai envoyé alors mon équipage au presbytère en disant au postillon d'aller lentement, et, en une demi-heure, par le sentier des Collines, je suis arrivé à travers bois jusqu'au château ; je suis entré sans voir personne, et je me suis assis dans le salon, derrière le paravent où l'on met parfois les enfants pendant le jour. Il y avait un berceau vide, un seul ; mon cœur se serra ; je devinai que la petite fille était morte, et je répandis des larmes amères en songeant au surcroît de douleur qui attendait mon infortunée Fernande.

J'étais là depuis un quart d'heure, absorbé et comme accablé de cette combinaison de malheurs implacables, lorsque j'entendis marcher plusieurs personnes ; c'était Jacques avec Fernande et sa mère qui venaient d'arriver. « Où est ma fille ? disait Fernande à son mari ; fais-moi voir ma fille. » L'accent de sa voix était déchirant. Celle de Jacques eut quelque chose d'étrangement cruel en lui répondant par cette question : *Où est Octave ?...* Je me levai aussitôt, et je me présentai en disant d'un ton résolu : « Me voici ! » Il resta quelques instants immobile, et regarda madame de Theursan dont le visage exprimait la surprise que tu peux imaginer. Jacques, alors, me tendit la main en me disant : *C'est bien.* Ce fut la première et la dernière explication que nous eûmes ensemble.

Fernande était partagée entre l'inquiétude de savoir ce qu'était devenue sa fille et celle de voir la conduite de Jacques envers moi ; pâle et tremblante, elle tomba sur une chaise en disant d'une voix étouffée : — Jacques, dis-moi que ma fille est morte et que tu as reçu une lettre de M. Borel. — Je n'ai reçu aucune lettre, répondit Jacques, et ton arrivée est pour moi un bonheur inattendu. Il fit cette réponse avec tant de calme, que Fernande dut s'y tromper. J'y aurais été pris moi-même, si je ne savais par Rosette, qui était au courant de tous les secrets de Cerisy, que M. Borel a écrit et qu'il a tout raconté. Fernande se leva vivement, et un éclair de joie brilla sur son visage; mais elle retomba sur son siége, en disant : — Ma fille est morte, du moins! — Je vois, dit Jacques en se penchant vers elle avec affection, que Borel aura eu l'imprudence de te dire les motifs qui m'ont retenu loin de toi. C'est une triste justification que j'ai à t'offrir, ma pauvre Fernande; mais tu l'accepteras et nous pleurerons ensemble. Sylvia entra en cet instant avec le fils de Fernande dans ses bras; elle courut le mettre dans ceux de l'infortunée en la couvrant de baisers et de larmes. *Seul!* dit Fernande en embrassant son fils, et elle s'évanouit.

— Monsieur, dit alors madame de Theursan en prenant le bras de Jacques, laissez ma fille aux soins de deux personnes que j'ai la surprise de voir ici, et accordez-moi sur-le-champ un moment d'entretien dans une autre pièce. — Non, madame, répondit Jacques d'un ton sec et hautain; laissez-moi secourir ma femme moi-même, vous direz ensuite tout ce que vous voudrez devant les deux personnes que voici. Fernande, dit-il en s'adressant à sa femme qui commençait à revenir un peu, prends courage; c'est tout ce que je te demande en récompense de la tendresse inaltérable que j'ai pour toi. Soigne-toi, conserve-toi pour cet enfant qui nous reste; vois comme il te sourit, notre pauvre fils unique! Tu dois tenir à la vie, tu es encore entourée d'êtres qui te chérissent; Sylvia est là qui attend un effort de ton amitié pour lui rendre ses caresses; je suis à tes pieds pour te conjurer de résister à ta douleur..., et... voici Octave. Il prononça ce dernier mot avec un effort visible. Fernande se jeta dans ses bras, occupée seulement de sa douleur; il avait sur le visage deux grosses larmes, et il me regarda avec un singulier mélange de reproche et de pardon. L'homme étrange! j'eus envie un instant de me jeter à ses pieds.

Nous passâmes près d'une heure dans les larmes. Jacques était si bon et si délicat envers sa femme, qu'elle se rassura au moins sur un des deux malheurs qu'elle avait redoutés; elle pensa qu'il ne savait rien encore, et prit courage au point de me tendre la main, à moi le dernier, après avoir donné mille témoignages d'affection à son fils, à son mari et à Sylvia. « Tu vois, lui dis-je à voix basse, pendant un moment où je me trouvais seul près d'elle, que tous les coups ne frappent pas en même temps, et que je suis encore à tes pieds. » Je rencontrai les yeux de madame de Theursan, qui m'observait d'un air d'indignation. Jacques rentra avec Sylvia; ils obtinrent de Fernande qu'elle prendrait un peu de nourriture, et nous la conduisîmes à table. Le déjeuner fut triste et silencieux;

mais nos soins semblaient rappeler peu à peu Fernande à la vie. Personne ne parlait à madame de Theursan, qui paraissait fort insensible à l'infortune de sa fille, et qui n'était occupée qu'à regarder alternativement Sylvia et moi, nous remerciant, avec une affectation de politesse ironique, des rares attentions que nous avions pour elle. Jacques, de son côté, affectait de n'en avoir aucune. Quand nous rentrâmes au salon, madame de Theursan, s'adressant à Jacques, lui dit d'un ton insolent : — Ainsi, monsieur, vous refusez de me donner une explication particulière ? — Absolument, madame, répondit Jacques. — Fernande, dit-elle, vous entendez comme on traite votre mère chez vous; je suis venue ici pour vous défendre et vous protéger; mon intention était de vous réconcilier, autant que possible, avec votre mari, et d'employer la politesse et la raison pour l'engager à abjurer ses torts en pardonnant les vôtres. Mais on m'insulte, avant même que j'aie dit un mot en votre faveur; c'est à vous de savoir comment vous voulez que j'agisse désormais. — Je vous supplie, maman, dit Fernande troublée et épouvantée, de remettre à un autre moment toute explication avec qui que ce soit. — Est-ce que tu penses, Fernande, lui dit Jacques, que nous aurons jamais besoin d'intermédiaire pour nous expliquer ? Est-ce que tu as prié ta mère de venir te protéger et te défendre contre moi ? — Non, non, jamais ! s'écria Fernande en cachant sa tête dans le sein de Jacques, ne le crois pas ! tout cela arrive malgré moi; n'écoute pas, ne réponds pas... Ma mère, ayez pitié de moi et taisez-vous. — Me taire serait une bassesse, reprit madame de Theursan, si ce que j'aurais à dire pouvait servir à quelque chose ; mais je vois que ce serait prendre une peine inutile. Si tout le monde est content ici, je n'ai plus qu'à me retirer. Mais songez, Fernande, que nous nous voyons pour la dernière fois ; la vie honteuse à laquelle j'espérais vous soustraire, et où vous voulez vous plonger plus avant, m'interdit désormais toute relation avec vous. J'aurais l'air, aux yeux du monde, d'approuver le scandale de votre conduite, et d'imiter la honteuse complaisance de votre mari. Fernande, plus pâle que la mort, tomba sur le sofa en disant : « Mon Dieu, épargnez-moi ! » Jacques était aussi pâle qu'elle, mais sa colère ne se révélait que par un petit froncement de sourcil que Fernande m'a appris à observer, et dont madame de Theursan était loin de connaître l'importance. — Madame, dit-il d'une voix très-légèrement altérée, personne au monde, excepté moi, n'a de droits sur ma femme ; vous avez renoncé aux vôtres en la mariant. Je vous défends donc, au nom de mon autorité et de mon affection pour elle, de lui adresser des reproches et des injures, qui, dans l'état où vous la voyez, peuvent lui devenir funestes. Je savais bien que, pour avoir le plaisir de m'offenser, vous ne marchanderiez pas avec la vie de votre fille ; mais si c'est à moi que vous en avez, parlez, j'ai de quoi vous répondre ; il me suffira de vous dire que je vous connais. Madame de Theursan changea de visage ; mais la colère l'emportant sur la peur que cette espèce de menace avait semblé lui faire, elle se leva, prit Fernande par le bras, et, l'attirant vers moi d'une manière brutale, elle la jeta presque sur mes genoux en disant : — Si c'est là votre choix, Fernande, restez au sein de la honte où votre mari vous a précipitée ; je ne saurais relever une âme avilie. Pour vous, mademoiselle, dit-elle à Sylvia, je vous fais mon compliment du rôle que vous jouez ici, et j'admire l'habileté avec laquelle vous avez fourni un amant à votre rivale, pour la supplanter plus facilement auprès de son mari. Maintenant je pars ; j'ai rempli le devoir qui m'était imposé en offrant à ma fille l'appui qu'elle aurait dû implorer et qu'elle repousse. Que Dieu lui pardonne, car moi je la maudis! Fernande jeta un cri d'effroi. Je la pressai involontairement sur mon cœur. Sylvia dit à madame de Theursan, avec un dédain glacial, qu'elle ne comprenait rien à son apostrophe, et qu'elle ne répondait point aux énigmes. — Je vais t'expliquer celle-ci, dit Jacques avec amertume : madame n'a pas de fortune, et elle sait que j'ai fait à sa fille un douaire qui, en cas de veuvage ou de séparation, assurerait à celle-ci une existence brillante ; elle cherche à nous brouiller, afin que sa fille, en allant vivre sous sa tutelle, lui donne à gouverner cinquante mille livres de rente : voilà toute l'énigme. Madame de Theursan était verte de fureur ; mais la haine lui déliant merveilleusement la langue, elle accabla Jacques et Sylvia d'injures si poignantes, que Jacques perdit patience, et fronça le sourcil tout à fait; alors il ouvrit son portefeuille, et montra à madame de Theursan quelques mots écrits sur un petit papier, avec une image coupée en deux, en s'écriant d'une voix forte : *Connaissez-vous cela?* Elle fit un mouvement de rage pour la saisir, en répondant avec égarement qu'elle ne savait point ce que cela signifiait; mais Jacques, la repoussant, alla ôter du cou de Sylvia une espèce de scapulaire qu'elle porte toujours; il déchira le sachet de satin noir, en tira une autre moitié d'image qu'il montra à madame de Theursan, et répéta de la même voix tonnante, que je n'avais jamais entendue sortir de sa poitrine : *Et cela, le connaissez-vous?* La malheureuse femme s'évanouit presque de honte; puis elle se releva, en criant avec le désespoir de la haine : — Elle n'en est pas moins votre maîtresse, car vous savez bien que ce n'est pas votre sœur! — Ce n'est pas ta sœur, Jacques? dit Fernande, qui, ne comprenant pas plus que nous cette scène étrange et mystérieuse, s'était approchée de sa mère pour la secourir. —Non, c'est sa maîtresse, criait madame de Theursan avec égarement, en s'efforçant d'entraîner sa fille. Fuyons cette maison, c'est un lieu de prostitution; partons, Fernande, tu ne peux pas rester sous le même toit que la maîtresse de ton mari. La pauvre Fernande, brisée par tant d'émotions et comme frappée d'étourdissement, devant tant de surprises, restait indécise et consternée, tandis que sa mère la secouait et la poussait vers la porte dans une sorte de délire. Jacques la délivra de cette torture, et la conduisant vers Sylvia :—Si ce n'est pas ma sœur, lui dit-il, c'est du moins la tienne ; embrasse-la, et oublie ta mère, qui vient de se perdre par sa faute. »

Madame de Theursan tomba dans d'affreuses convulsions. On l'emporta dans la chambre de sa fille; mais au moment de suivre Fernande, qui était sortie pour aller soigner sa mère, Sylvia s'arrêta entre Jacques et moi, et nous prenant chacun par un bras: — Jacques, dit-elle, tu as été trop loin, et tu n'aurais pas dû dire cela devant Fernande et devant moi. Je suis bien fâchée de savoir que c'est là ma mère ; j'espérais que celle qui m'a abandonnée, en me donnant le jour, était morte. Heureusement Fernande n'a dû rien comprendre à cette scène, il sera facile de lui faire croire qu'en m'appelant sa sœur, vous lui faisiez simplement un appel à mon amitié. — Qu'elle en pense ce qu'elle pourra, il ne convient à personne ici de lui expliquer ces tristes secrets. Octave les gardera religieusement. — D'autant plus volontiers, lui dis-je, que je ne sais rien, et que je ne devine pas plus que Fernande. Nous nous séparâmes, et Sylvia passa le reste de la journée dans la chambre de madame de Theursan. Fernande, malade elle-même, avait été forcée d'aller se mettre au lit aussitôt qu'elle avait vu sa mère un peu calmée. Sylvia les a soignées alternativement avec un zèle admirable. Après tout, c'est une grande et noble créature que Sylvia. Je ne sais ce qui s'est passé entre elle et madame de Theursan ; mais lorsque celle-ci repartit le lendemain matin sans consentir à voir personne, elle se laissa accompagner par Sylvia jusqu'à sa voiture. Je les vis passer dans le parc, d'un endroit où elles ne pouvaient m'apercevoir. Madame de Theursan semblait être accablée, et n'avoir plus de forces pour la colère et le ressentiment. Au moment de quitter Sylvia, pour aller rejoindre sa voiture qui l'attendait à la grille, elle lui tendit la main : puis, après un instant d'hésitation, elle se jeta dans ses bras en sanglotant. J'entendis Sylvia lui offrir de l'accompagner pendant une partie de la route, pour la soigner. — Non, dit madame de Theursan, votre vue me fait trop de mal ; mais si je vous appelle à ma dernière heure, promettez-moi de venir me fermer les yeux. — Je vous le jure, répondit Sylvia, et je vous jure aussi que Fernande ne saura jamais votre secret. — Et ce *jeune homme* le gardera ? ajouta madame de Theursan en parlant de moi. — Je le jure pour lui ! — Adieu, dit madame de Theursan ; pardonnez-moi, car je suis bien malheureuse ! — J'ai quelque chose à vous remettre, reprit Sylvia ; c'est les trois lignes écrites que Jacques vous a montrées hier, les seules preuves qui existent de ma naissance : vous pouvez et vous devez les anéantir. Voici encore la moitié de l'image, laissez-moi l'autre ; elle ne peut rien apprendre à personne, et j'y tiens à cause de Jacques. — Bonne,

bonne personne ! s'écria madame de Theursan, en acceptant avec transport le papier que Sylvia lui offrait : ce fut toute l'expression de sa reconnaissance. Dans ce mauvais cœur, la joie d'être débarrassée d'une crainte personnelle l'emporta sur le repentir et la confusion d'une conscience coupable : elle partit précipitamment.

Sylvia resta longtemps immobile à la regarder ; quand celle-ci eut disparu derrière la grille, elle croisa ses bras sur sa poitrine, et j'entendis ce mot expirer à demi sur ses lèvres pâles : « Ma mère ! » — Explique-moi ce mystère, Sylvia, lui dis-je en l'abordant et en lui baisant la main avec une sorte de vénération irrésistible, comment cette femme est-elle ta mère, lorsque tu te croyais la sœur de Jacques? Son visage prit une expression de recueillement indéfinissable, et elle me répondit : — Il n'y a au monde que cette femme qui puisse savoir de qui je suis fille, et elle ne le sait pas ! c'est là ma mère. — Elle a donc été aimée du père de Jacques ? — Oui, dit-elle et d'un autre en même temps. — Mais qu'y avait-il sur ce papier ? — Quatre ou cinq mots de la main du père de Jacques, attestant que j'étais la fille de madame de Theursan, mais déclarant qu'il n'était point sûr d'être mon père, et que, dans le doute, il n'avait pas voulu se charger de moi. Cette image, dont j'ai la moitié, c'est lui qui me la mit au cou en m'envoyant à l'hospice des Orphelins. — Quelle destinée que la tienne, Sylvia ! lui dis-je;

Dieu savait bien pourquoi il te douait d'un si grand cœur. — Mes peines ne sont rien, répondit-elle en faisant un geste comme pour éloigner une préoccupation personnelle ; ce sont les vôtres qui me font du mal, celles de Fernande, celles de Jacques surtout. — Et n'as-tu pas de compassion aussi pour les miennes ? lui dis-je tristement. — C'est toi que je plains le plus, me dit-elle, parce que c'est toi qui es le plus faible. Cependant il y a une chose qui me réconcilie avec toi, c'est que tu sois venu ; cela est d'un homme. Je voulus m'expliquer avec elle sur nos communes douleurs ; je me sentais en ce moment disposé à une confiance et à une estime que je ne retrouverai peut-être jamais dans mon cœur. Je venais de lui voir faire une noble action, je lui aurais livré toutes mes pensées, mais elle me punit de mes méfiances passées en me fermant l'accès de son âme. — Cela regarde Jacques, me dit-elle, et je ne sais ce qui se passe en lui. Ton devoir est d'attendre qu'il prenne un parti ; sois bien sûr qu'il sait tout, mais que son premier et unique soin, dans ce moment, est de rassurer et de consoler Fernande.

Elle me quitta pour s'enfoncer seule dans une autre allée du parc. J'allai m'informer de la santé de Fernande ; son mari était dans sa chambre et lisait pendant qu'elle sommeillait. Quelle position que la mienne, Herbert ! Agir avec cette famille comme auparavant, quand il s'est passé entre nous des choses qui doivent nous avoir rendus irréconciliables ! Comprends-tu ce qu'il me faut de courage pour aller frapper à cette porte que Jacques vient m'ouvrir, et ce que je souffre quand il sort, en me disant avec son calme impénétrable : « Obtenez qu'elle ait le courage de vivre. » Que cache donc l'impassible générosité de cet homme? Est-ce par l'effort d'un amour sublime qu'il sacrifie ainsi toutes ses fureurs et toutes ses souffrances? Il y a des instants où je le crois ; et pourtant cela est trop contraire à l'humanité pour que j'y ajoute foi sincèrement. S'il n'avait donné de sa bravoure et de son mépris de la vie des preuves que je n'aurai peut-être jamais l'occasion de donner, on pourrait dire qu'il a peur de se battre avec moi ; mais à moi qui l'ai vu jour par jour depuis un an, et qui sais sa vie tout entière par Sylvia, cette explication ne peut présenter aucun sens. L'opinion à laquelle je dois m'arrêter, c'est que son cœur est bon sans être ardent, ses affections nobles sans être passionnées. Il s'est imposé le stoïcisme pour faire comme tous les hommes, pour jouer un rôle ; et il s'est tellement identifié avec quelque type de l'antiquité, qu'il est devenu lui-même une espèce de héros antique, à la fois ridicule et admirable dans ce siècle-ci. Que lui conseillera son rêve de grandeur? jusqu'où ira cette étrange magnanimité? Attend-il que sa femme soit guérie pour rompre avec elle, ou pour me demander raison? Il semble à la fois confondu et satisfait de l'audace de ma conduite, et il lui arrive de me regarder avec des yeux où brille la soif de mon sang. Couve-t-il sa vengeance, ou en fera-t-il un holocauste?

J'attends. Il y a trois jours que nous en sommes au même point. Fernande a été réellement mal, et nous n'avons pas été sans inquiétude pendant une nuit. Jacques et Sylvia m'ont permis de veiller dans sa chambre avec eux ; quel que soit le fond de leurs âmes, je les en remercie du fond de la mienne. J'espère que dans peu Fernande sera guérie ; sa jeunesse, sa bonne constitution, et le soin qu'on prend d'éloigner d'elle la pensée d'un chagrin nouveau feront encore plus, j'espère, que les secours d'un très-bon médecin qui était venu pour soigner sa fille, et qui est resté pour elle. Adieu, mon ami. Brûle cette lettre ; elle contient un secret que j'ai juré de garder, et que je n'ai pas trahi en le racontant à un autre moi-même.

XXIII

DE JACQUES A M. BOREL.

Mon vieux camarade, je te remercie de ta lettre, et des excellentes intentions de ton amitié. Je sais que tu te serais battu de grand cœur pour défendre ma femme d'une insulte, et pour me rendre même un moindre service. J'espère que tu regardes ce dévouement comme réciproque, et que, si tu as jamais occasion de faire un appel sérieux à l'amitié, tu ne t'adresseras pas à un autre que moi. Remercie aussi pour moi ta bonne Eugénie des soins qu'elle a eus pour Fernande, et prie-la, si elle lui écrit, de ne point lui faire savoir que j'ai reçu la lettre où tu m'informais de tout ce qui s'est passé. Adieu, mon brave; compte sur moi, à la vie et à la mort.

XXIV

DE JACQUES A OCTAVE.

Je veux vous épargner l'embarras d'une explication verbale; elle ne pourrait être que difficile et pénible entre nous; nous nous entendrons plus vite et plus froidement par écrit. J'ai plusieurs questions à vous adresser, et j'espère que vous ne me contesterez pas le droit de vous interroger sur certaines choses qui m'intéressent pour le moins autant que vous.

1º Croyez-vous que j'ignore ce qui s'est passé entre vous et une personne qu'il n'est pas besoin de nommer?

2º En revenant ici, ces jours derniers, en même temps qu'elle, et en vous présentant à moi avec assurance, quelle a été votre intention?

3º Avez-vous pour cette personne un attachement véritable? Vous chargeriez-vous d'elle, et répondriez-vous de lui consacrer votre vie, si son mari l'abandonnait?

Répondez à ces trois questions; et si vous respectez le repos et la vie de cette personne, gardez-moi le secret auprès d'elle sur le sujet de cette lettre; en la trahissant, vous rendriez son salut et son bonheur futur impossibles.

XXV

D'OCTAVE A JACQUES.

Je répondrai à vos questions avec la franchise et la confiance d'un homme sûr de lui :

1° Je savais, en quittant la Touraine, que vous étiez informé de ce qui s'est passé entre *elle* et moi;

2° Je suis venu ici pour vous offrir ma vie en réparation de l'outrage et du tort que je vous ai fait; si vous êtes généreux envers *elle*, je découvrirai ma poitrine, et je vous prierai de tirer sur moi, ou de me frapper avec l'épée, moi les mains vides; mais si vous devez vous venger sur *elle*, je vous disputerai ma vie, et je tâcherai de vous tuer;

3° J'ai pour *elle* un attachement si profond et si vrai que, si vous devez l'abandonner soit par la mort, soit par le ressentiment, je fais serment de lui consacrer ma vie tout entière, et de réparer ainsi, autant que possible, le mal que je lui ai fait.

Adieu, Jacques. Je suis malheureux, mais je ne peux pas vous dire ce que je souffre à cause de vous; si vous voulez vous venger de moi, vous devez désirer de me trouver debout. Je serais un lâche si je vous implorais; je serais un imprudent si je vous bravais; mais je dois vous attendre, et je vous attends. Décidez-vous.

XXVI

D'OCTAVE A HERBERT.

Jacques est parti; où va-t-il, et quand reviendra-t-il? reviendra-t-il jamais? Tout cela est encore un mystère pour moi; cet homme a la manie d'être impénétrable. J'aimerais mieux vingt coups d'épée que ce dédaigneux silence. De quoi puis-je l'accuser, pourtant? Sa conduite jusqu'ici est sublime envers sa femme; mais sa miséricorde envers moi m'humilie, ou sa lenteur à se venger m'impatiente. Ce n'est pas vivre que d'être ainsi dans le doute du présent et dans l'incertitude de l'avenir.

Je t'ai envoyé copie du billet qu'il m'a écrit de Saint-Léon, et de la réponse que je lui ai faite du presbytère, le tout entre le déjeuner et le dîner qui nous rassemblent tous les jours comme autrefois; car il est bon de te dire qu'il y a quelques jours Fernande

me pria de reprendre notre ancienne manière de vivre, et qu'elle était autorisée par Jacques à me faire cette invitation. C'était le premier jour depuis sa maladie qu'elle descendait au salon, et ce fut le lendemain que Jacques m'envoya ce message par son groom. J'eus l'aplomb d'aller dîner comme la veille, et Jacques me reçut comme les autres jours, c'est-à-dire avec une poignée de main, et une contenance grave. Cette poignée de main, qu'il ne me donne point quand nous nous rencontrons seuls, est évidemment une démonstration extérieure pour rassurer sa femme ; et la perte de leur enfant autorise assez son silence et sa réserve qu'elle peut prendre pour de la tristesse. Seulement, après le dîner, il me suivit dans le jardin, et me dit :
—Vos dispositions sont telles que je les supposais ; il suffit. Vous êtes un ami sans foi ; mais vous n'êtes pas un homme sans cœur. Je n'exige plus qu'une chose : votre parole d'honneur que vous cacherez à Fernande l'explication que nous avons eue ensemble, et que dans aucun moment de votre vie, fussé-je à cent lieues, fussé-je mort, vous ne lui apprendrez que j'ai su la vérité. Je lui donnai ma parole, et il ajouta :
—Êtes-vous bien pénétré de l'importance du serment que vous me faites ? — Je pense que oui, répondis-je.
—Songez, dit-il, que c'est la première et la principale réparation que je vous demande du mal que vous nous avez fait ; songez que vous frapperiez Fernande d'une blessure mortelle le jour où vous lui feriez savoir que je lui ai pardonné. Vous concevez sans doute

qu'en de certaines circonstances la reconnaissance est une humiliation et un tourment; on souffre quand on ne peut remercier sans rougir, et vous savez que Fernande est fière. — O Jacques! lui dis-je avec effusion, je sais que tu es sublime envers elle! — Ne me remercie pas, dit-il d'une voix altérée, je ne puis l'être envers toi. Et il s'éloigna précipitamment.

Hier, je trouvai Fernande triste et inquiète.—Jacques va encore nous quitter, me dit-elle; il prétend avoir des affaires indispensables qui l'appellent à Paris; mais, dans la situation où nous sommes, tout m'effraye. Peut-être a-t-il reçu enfin cette funeste lettre de Borel qu'un hasard aura retardée à la poste; peut-être me trompe-t-il par une feinte douceur que lui dicte la compassion. Je tremble qu'il ne soit instruit, et qu'il n'ait le projet de m'abandonner tout à fait sans me rien dire. Je la rassurai en lui disant que, dans ce cas-là, Jacques aurait eu certainement une explication avec moi, et je la trompai en lui assurant qu'il m'avait, au contraire, témoigné une amitié plus vive que jamais. Fernande est bien facile à abuser; elle est si peu habituée au raisonnement et si peu capable d'observation, qu'elle ne connaît jamais les gens qui l'entourent, et ne comprend pas sa propre vie. C'est une douce et naïve créature toujours gouvernée par l'instinct d'aimer, par le besoin de croire, et trop pieusement crédule dans l'affection d'autrui pour être susceptible de pénétration. Jacques rentra et parla de ses affaires d'une manière si vraisemblable, Sylvia eût tellement l'air d'y croire, et nous fûmes en apparence si bons amis, qu'elle me dit le soir : — Oh! quelle confiance héroïque de la part de Jacques! il nous laisse encore ensemble! Songez, Octave, que vous seriez un monstre si vous en abusiez, et que de ce moment je serais forcée de vous haïr. Jacques est parti ce matin calme et me témoignant une affection vraiment stoïque; mais que pense-t-il? Il doit croire que sa femme est ma maîtresse, et pourtant elle ne l'est point. Elle s'est courageusement refusée à moi, et j'ai eu la force de me soumettre, même dans les occasions où la crainte de la perdre et le trouble de mes passions auraient dû triompher de tous les scrupules. Peut-être que si Jacques savait cela, il agirait autrement; peut-être aurais-je dû le lui dire, c'eût été un autre genre d'héroïsme que de le faire rester en lui disant: Ta femme est pure, reprends-la, et je pars. Mais il est écrit que je ne serai jamais un héros, cela m'est impossible; et j'ai une antipathie insurmontable pour les scènes de déclamation. Je me connais trop bien : je serais parti par la porte, et au bout de huit jours je serais rentré par la fenêtre; j'aurais avoué que depuis un an je suis le plus niais des séducteurs, et je serais devenu criminel aussitôt après cette belle confession. D'ailleurs, Jacques aurait-il ajouté foi à ma parole, soit pour le passé, soit pour l'avenir? Je ne veux plus le croire aveugle. Il y a des instants où toute cette pompe de générosité m'en impose tellement que je me livre à l'admiration avec une sensibilité puérile; et puis ma raison reprend le dessus, et je me dis qu'après tout la vie est une comédie à laquelle ne se laissent pas prendre ceux qui la jouent ; qu'après les tirades et les scènes à effet, chacun essuie son fard, ôte son costume et se met à manger ou à dormir. Jacques serait ce qu'il croit être, si la nature l'avait doué comme moi de passions vives. S'il aimait Fernande comme je l'aime, et s'il y renonçait comme il fait, je m'inclinerais devant lui. Mais je sais bien que lorsqu'on est épris comme je le suis, on n'est pas capable de tels sacrifices. Il aime le genre héroïque ; et sa paisible nature, ses passions refroidies par l'habitude du raisonnement ou par l'âge, le secondent merveilleusement : qu'on lui mette mon cœur dans la poitrine pendant un quart d'heure, et tout cet échafaudage tombera. Il ne demande pas mieux que de s'éloigner de sa femme : il aime la solitude et les voyages comme Childe-Harold ; il est plus content d'avoir à pratiquer la théorie qu'il s'est faite du *renoncement,* que de jouir de tous les biens de la vie ; et son orgueil est plus satisfait de pouvoir me faire grâce, qu'il ne le serait de me tuer en duel. Il songe à l'admiration qu'il m'impose, et il se croit plus vengé par mon repentir que par ma mort. Ne pense pas que je veuille nier ce qu'il y a de beau dans son caractère et dans sa conduite ; vraiment je le crois capable de l'action de Régulus. Mais si Régulus avait vécu sous mes yeux, j'aurais trouvé, j'en suis sûr, dans sa vie privée mille occasions de douter et de sourire. Les héros sont des hommes qui se donnent à eux-mêmes pour des demi-dieux, et qui finissent par l'être en de certains moments, à force de mépriser et de combattre l'humanité. A quoi cela sert-il, après tout? A se faire une postérité de séides et d'imitateurs; mais de quoi jouit-on au fond de la tombe?

Je m'efforce en vain de chercher mon bonheur en cette vie dans les joies de l'orgueil; la vérité les efface avec un éclair de son miroir, et je me trouve seul et impuissant avec mon désir et ma passion dans le cœur. Hier, quand Jacques partait, mille folies me passaient par l'esprit: j'avais envie d'aller dire adieu à Fernande, et de partir avec lui; que sais-je! mais quand il fut parti, et que Fernande tout en larmes me laissa baiser ses mains humides, et peu à peu son cou de neige et ses beaux cheveux, dont le contact me fait frissonner de bonheur, je me sentis très-content d'être seul avec elle, et malgré moi je remerciai Dieu d'avoir inspiré à Jacques la fantaisie de s'en aller. Quand je me serais torturé l'esprit pour me prouver que la reconnaissance et l'admiration devaient me guérir de l'amour, le bouillonnement de mon sang et les élans de mon cœur auraient victorieusement démenti cette vaine affectation et cette vertu pédantesque.

Fernande est encore tout émue et toute pénétrée de ce départ; l'excellente enfant croit à son mari comme en Dieu, et je serais bien fâché à présent de combattre cette vénération. Il est vrai qu'elle le suppose imbécile, et croyant fermement qu'il n'a pas le moindre soupçon de notre amour; voilà ce que c'est que le sentiment de l'admiration. C'est comme la foi aux miracles : c'est un travail de l'imagination pour exciter le cœur et paralyser le raisonnement.

Elle commence à se porter tout à fait bien ; mais son fils maigrit et pâlit à vue d'œil. Elle ne s'en aperçoit pas encore ; mais je crains qu'elle n'ait bientôt un nouveau sujet de larmes, et que ni l'un ni l'autre de ses enfants ne soit né avec une bonne organisation. Tous les malheurs qui pourront la frapper m'attacheront à elle ; je ne suis pas un grand homme, mais je l'aime, et je n'ai pas joué de rôle quand j'ai juré de lui consacrer ma vie. Sylvia est d'une tristesse dont je ne la croyais pas capable ; elle la dissimule devant Fernande, et se conduit comme un ange avec elle ; mais son visage trahit une souffrance secrète, et une préoccupation tout à fait étrangère à son caractère méthodique et grave. Il me vient à l'esprit, depuis quelque temps, une idée singulière sur Sylvia : je te la dirai si elle prend de la consistance.

P.-S. Fernande vient de recevoir une lettre de madame Borel qui lui annonce que la lettre de son mari à Jacques n'est jamais partie, par la raison qu'elle-même s'est chargée de la déchirer au lieu de la mettre à la poste ; Jacques aura encore arrangé cela. On ne peut se dissimuler que cet homme ne soit ingénieux et magnifique dans la manière dont il remplit sa tâche.

XXVII

DE JACQUES A SYLVIA.

Paris.

Tu me pleures, pauvre Sylvia! Oublie-moi comme on oublie les morts. C'en est fait de moi. Étends entre nous un drap mortuaire et tâche de vivre avec les vivants. J'ai rempli ma tâche, j'ai bien assez vécu, j'ai bien assez souffert. A présent, je puis me laisser tomber et me rouler dans la poussière trempée de mes larmes. En te quittant, j'ai pleuré, et mes yeux ne se sont pas séchés depuis trois jours. Je vois bien que je suis un homme fini, car jamais je n'ai vu mon cœur se briser et s'anéantir ainsi. Je le sens qui fond dans ma poitrine. Dieu me retire la force, parce qu'elle m'est désormais inutile. Je n'ai plus à souffrir, je n'ai plus à aimer, mon rôle est achevé parmi les hommes.

Laisse-la me croire aveugle, sourd, et indolent.

Maintiens-la dans cette confiance, et qu'elle ne se doute jamais que je meurs de sa main. Elle pleurerait, et je ne veux pas qu'elle souffre davantage pour moi. C'est bien assez comme cela. Elle a trop appris ce que c'est que d'entrer dans ma destinée, et quelle malédiction foudroie tout ce qui se rattache à moi. Elle a été comme un instrument de mort dans la main d'Azraël; mais ce n'est pas sa faute si l'exterminateur s'est servi de son amour, comme d'une flèche empoisonnée, pour me percer le cœur. A présent, la colère de Dieu va s'apaiser, j'espère. Il n'y a plus sur moi de place vivante à frapper. Vous allez tous vous reposer et vous guérir de m'avoir aimé.

Sa santé m'inquiète, et j'attends avec impatience que tu me dises si mon départ et l'émotion qu'elle a éprouvée en me disant adieu ne l'ont pas rendue plus malade. J'aurais peut-être dû rester encore quelques jours et attendre qu'elle fût plus forte. Mais je n'y pouvais plus tenir. Je suis un homme et non pas un héros. Je sentais dans mon sein toutes les tortures de la jalousie, et je craignais de me laisser aller à quelque mouvement odieux d'égoïsme et de vengeance. Fernande n'est pas coupable de mes souffrances. Elle les ignore. Elle me croit étranger aux passions humaines. Octave lui-même s'imagine peut-être que je supporte tranquillement mon malheur, et que j'obéis sans effort à un devoir que je me suis imposé... Qu'il en soit ainsi, et qu'ils soient heureux! Leur compassion me rendrait furieux, et je ne puis renoncer encore à la cruelle satisfaction de laisser le doute et l'attente de ma vengeance suspendus comme une épée sur la tête de cet homme. Ah! je n'en puis plus! Tu vois si mon âme est stoïque. Non, elle ne l'est pas. C'est toi, Sylvia, qui es héroïque et qui me juges d'après toi-même. Mais moi, je suis un homme comme les autres, mes passions me transportent comme le vent et me rongent comme le feu. Je ne me suis point créé un ordre de vertus au-dessus de la nature. Seulement je ressens l'affection avec une telle plénitude que je suis forcé de lui sacrifier tout ce qui m'appartient, jusqu'à mon cœur, quand je n'ai plus rien à lui offrir. Je n'ai jamais étudié qu'une chose au monde, c'est l'amour. A force de faire l'expérience de tout ce qui le contriste et l'empoisonne, j'ai compris combien c'était un sentiment noble et difficile à conserver, combien il fallait accomplir de dévouements et de sacrifices avant de pouvoir se glorifier de l'avoir connu. Si je n'avais pas eu d'amour pour Fernande, je me serais peut-être mal conduit. Je ne sais si j'aurais commandé à mon dépit et à la haine que m'inspire l'homme qui l'a exposée à la risée d'autrui, par ses imprudences et ses folies égoïstes. Mais elle l'aime, et parce que je suis lié à elle par une éternelle affection, la vie de son amant me devient sacrée. Pour résister à la tentation de me défaire de lui, je pars, et Dieu saura ce que me coûte de désespoirs et de tourments chacun des jours que je lui laisse.

Si j'ai quelque autre vertu que mon amour, c'est

peut-être une justice naturelle, une rectitude de jugement, sur lesquelles aucun préjugé social, aucune considération personnelle n'ont jamais eu de prise. Il me serait impossible de conquérir un bonheur quelconque par la violence ou la perfidie, sans être aussitôt dégoûté de ma conquête. Il me semblerait avoir volé un trésor, et je le jetterais par terre pour m'aller pendre comme Judas. Cela me paraît le résultat d'une logique si inflexible et si absolue, que je ne saurais me glorifier de n'être pas une brute semblable aux trois quarts des hommes que je vois. Borel, à ma place, aurait tranquillement battu sa femme, et il n'eût peut-être pas rougi ensuite de la recevoir dans son lit, tout avilie de ses coups et de ses baisers. Il y a des hommes qui égorgent sans façon leur femme infidèle, à la manière des Orientaux, parce qu'ils la considèrent comme une propriété légale. D'autres se battent avec leur rival, le tuent ou l'éloignent, et vont solliciter les baisers de la femme qu'ils prétendent aimer, et qui se retire d'eux avec horreur ou se résigne avec désespoir. Ce sont là, en cas d'amour conjugal, les plus communes manières d'agir, et je dis que l'amour des pourceaux est moins vil et moins grossier que celui de ces hommes-là. Que la haine succède à l'affection, que la perfidie de la femme fasse éclore le ressentiment de son mari, que certaines bassesses de celle qui le trompe lui donnent jusqu'à un certain point le droit de se venger, et je conçois la violence et la fureur; mais que doit faire celui qui aime?

Je ne peux pas me persuader (ce que beaucoup sans doute penseront de moi) que je sois un esprit faible et un caractère imbécile, pour avoir persévéré dans mon amour. Mon cœur n'est pas vil, et mon jugement n'est pas altéré. Si Fernande était indigne de cet amour, je ne l'éprouverais plus. Une heure de mépris suffirait pour m'en guérir. Je me rappelle bien ce que j'ai senti pendant trois jours que je la crus infâme. Mais aujourd'hui elle cède à une passion qu'un an de combats et de résistance a enracinée dans son cœur; je suis forcé de l'admirer, car je pourrais l'aimer encore, y eût-elle cédé au bout d'un mois. Nulle créature humaine ne peut commander à l'amour, et nul n'est coupable pour le ressentir et pour le perdre. Ce qui avilit la femme, c'est le mensonge. Ce qui constitue l'adultère, ce n'est pas l'heure qu'elle accorde à son amant, c'est la nuit qu'elle va passer ensuite dans les bras de son mari. Oh! je haïrais la mienne, et j'aurais pu devenir féroce, si elle eût offert à mes lèvres des lèvres chaudes encore des baisers d'un autre, et apporté dans mes bras un corps humide de sa sueur. Elle serait devenue hideuse pour moi ce jour-là, et je l'aurais écrasée comme une chenille que j'aurais trouvée dans mon lit. Mais, telle qu'elle est, pâle, abattue, souffrant toutes les angoisses d'une conscience timorée, incapable de mentir, et toujours prête à se confesser à moi de sa faute involontaire, je ne puis que la plaindre et la regretter. N'ai-je pas vu, depuis son retour, que ma confiance apparente lui faisait un mal affreux, et que ses genoux pliaient sans cesse pour me demander pardon? Combien il m'a fallu d'adresse et de précaution pour retenir sur ses lèvres l'aveu toujours prêt à s'en échapper!

Tu m'as demandé pourquoi je n'avais pas accepté la confession et le sacrifice que si souvent elle a désiré me faire; c'est parce que je crois la confession inutile et le sacrifice impossible. Tu n'aimes pas qu'on doute de la vertu d'autrui, et tu m'as reproché de ne plus vouloir me fier à l'héroïsme dont Fernande eût été peut-être capable encore. Eh quoi! cette dernière épreuve, ce fatal voyage en Touraine n'a-t-il pas suffi à mesurer la force de Fernande? Je la connais bien, je sais jusqu'où va sa vertu comme je sais où elle finit. Sa chasteté naturelle est la meilleure sauvegarde qui puisse la protéger, et sans doute elle l'a protégée longtemps. Mais la resolution de perdre à jamais Octave ne peut se soutenir dans cette âme puérilement sensible, que la plus petite souffrance épouvante, et qui succombe sous un véritable malheur. Est-ce sa faute? Ne serions-nous pas des insensés et des bourreaux, si nous exigions d'elle ce qu'elle ne peut accorder, si nous la frappions pour marcher, quand ses jambes se dérobent sous elle? N'a-t-elle pas failli mourir parce qu'elle a perdu sa fille? Pauvre créature souffrante! sensitive qui se crispe au souffle de l'air! comment aurais-je le courage brutal de te tourmenter, et l'orgueil stupide de te mépriser parce que Dieu t'a faite si faible et si douce! Oh! je t'ai aimée, simple fleur que le vent brisait sur sa tige, pour ta beauté délicate et pure, et je t'ai cueillie, espérant garder pour moi seul ton suave parfum, qui s'exhalait à l'ombre et dans la solitude; mais la brise me l'a emporté en passant, et ton sein n'a pu le retenir! Est-ce une raison pour que je te haïsse et te foule aux pieds? Non! je te reposerai doucement dans la rosée où je t'ai prise, et je te dirai adieu, parce que mon souffle ne peut plus te faire vivre, et qu'il en est un autre dans ton atmosphère qui doit te relever et te ranimer. Refleuris donc, ô mon beau lis ! je ne te toucherai plus.

XXVIII

DE JACQUES A SYLVIA.

Tours.

Je suis revenu ici. C'est une idée étrange qui m'est passée par la tête, et que je t'expliquerai dans quelques jours. J'ai reçu ta lettre; on me l'a renvoyée exactement de Paris avec celle de Fernande, qui est bien affectueuse et bien laconique. Oui, je conçois ce qu'elle souffre en m'écrivant. Hélas! elle ne pourra même pas m'aimer d'amitié! Mon souvenir sera un tourment pour elle, et mon spectre lui apparaîtra comme un remords!

Je te remercie de m'assurer qu'elle se porte tout à fait bien, que les belles couleurs de la santé reviennent à ses joues, et qu'elle pleure sa fille moins souvent et moins amèrement. Oui, voilà ce qu'il faut me dire pour me donner du courage. Du courage! à quoi bon? Il m'en a fallu et j'en ai eu. Mais qu'en ferais-je désormais? Tu as beau dire, Sylvia : je n'ai plus rien à faire sur la terre. Tu sais ce que le médecin, pressé par mes questions, m'a dit de mon fils. J'ai compris à demi-mot ce que je devais craindre et ce que je pouvais espérer. Le plus riant espoir qui me reste, c'est de le voir survivre d'un an à sa sœur. Il a le même défaut d'organisation. Je ne suis donc pas nécessaire à cet enfant, et je dois travailler à m'en détacher comme d'un espoir anéanti. Je vivrais encore pour Fernande, si elle avait besoin de moi. Mais, au cas où celui qu'elle aime l'abandonnerait un jour, tu es sa sœur, sa vraie sœur par l'affection et par le sang; tu me remplacerais auprès d'elle, Sylvia, et ton amitié lui serait moins pesante et plus efficace que la mienne. Ma mort ne peut que lui faire du bien. Je sais que son cœur est trop délicat pour s'en réjouir; mais, malgré elle, elle sentirait l'amélioration de son sort. Elle pourrait épouser Octave par la suite, et le scandale malheureux que leurs amours ont fait ici serait à jamais terminé.

Tu me dis précisément qu'elle s'afflige beaucoup de l'idée de ce scandale; que ce souvenir, effacé longtemps par la douleur plus vive encore de la mort de sa fille et par la crainte de perdre mon affection, s'est réveillé en elle depuis qu'elle est un peu résignée à l'une et un peu rassurée sur l'autre. Tu me dis qu'elle demande à toute heure s'il est possible que cette aventure ne m'arrive pas à Paris, et que, lorsqu'on a réussi à la tranquilliser sur ce point par des raisons qu'on n'oserait donner à un enfant, elle tremble à l'idée d'être couverte de ridicule et de servir de sujet aux plaisanteries de café et aux récits de chambrée d'une province et d'un régiment. C'est là l'ouvrage d'Octave, et elle le lui pardonne! elle l'aime donc bien!

Sur ce dernier point de souffrance et d'inquiétude, tu peux la rassurer par des raisonnements assez plausibles. Je suis bien aise qu'elle te parle de tout cela avec abandon. Cette confiance la soulage d'autant, et tu es à même plus que personne d'adoucir sa tristesse par une amitié éclairée. Ces sortes de scandale sont bien moins importants pour une jeune femme qu'elle ne se l'imagine. Beaucoup seraient vaines de l'espèce de célébrité qui en résulte, et de l'attrait que leur attention et leurs bonnes grâces ont désormais pour les hommes. Une coquette partirait de là pour se faire une brillante carrière d'audace et de triomphes. Fernande n'est pas de ce caractère; elle ne songe qu'à rougir et à se cacher. Qu'elle se retire au fond de cette vie tranquille et heureuse que j'ai tâché de lui faire et de lui laisser; mais qu'elle ne perde pas son temps à pleurer sur un accident qui sera l'anecdote d'un jour, et qu'on oubliera le lendemain pour un autre. Il y a des événements ridicules et honteux dont on a peine à se laver; mais de tels événements ne peuvent se rencontrer dans la vie d'une femme comme Fernande. Que peut-on dire? Qu'elle est belle, qu'elle a inspiré une passion, qu'un homme s'est exposé, pour ne pas la compromettre, à se rompre le cou en fuyant sur les toits. Il n'y a rien de laid ni d'avilissant dans tout cela. Si Octave eût parlementé avec les mauvais plaisants qui l'assiégeaient, c'eût été bien différent. L'amour d'un lâche déshonore une femme, si noble qu'elle soit. Mais Octave s'est bien conduit. Tout le monde sait qu'il l'a escortée en voyage jusque chez elle, tant les grands mystères et les grandes combinaisons de ce fou réussissent! Heureusement il a du cœur, et l'on peut découvrir tous ses puérils secrets, sans trouver un sujet de mépris dans sa conduite. Le ridicule et l'odieux de tout cela retombent sur moi. On m'accuse d'avoir une maîtresse dans ma maison. On dit même, tant l'espionnage imbécile et les interprétations erronées font vite le tour du monde, que j'ai essayé de la faire passer pour ma sœur, mais que madame de Theursan est venue démasquer l'imposture. C'est quelque servante, c'est peut-être madame de Theursan elle-même qui répand ce bruit! Voilà le parti que les cœurs vils tirent de la patience et de la générosité des autres. En un mot, je suis bafoué à Tours. M. Lorrain, un ancien officier de mon régiment à qui j'ai eu affaire il y a vingt ans, s'amuse à mes dépens le plus qu'il peut. Mais tout cela me regarde, et je m'en charge.

Tu ne prononces pas le nom d'Octave, je devine que tu crois me devoir ce ménagement; mais ne crains rien. Il est bien vrai que je ne puis lire et tracer ce nom fatal, sans un frémissement de haine de la tête aux pieds; mais il faut bien que je m'y accoutume; il faut que je sache tout ce qui se passe là-bas, s'il l'aime, s'il la rend heureuse. Adieu, Sylvia, qui, seule entre tous, ne m'as jamais fait de mal. Je n'ai pas besoin de te dire qu'il faut cacher à Fernande ma présence à Tours.

XXIX

DE SYLVIA A JACQUES.

Mon Dieu ! que fais-tu donc à Tours ? cela m'épouvante. Songes-tu à te venger des calomnies qu'on répand sur nous ? Si je te connaissais moins, je me le persuaderais. Pourtant, j'ai beau me rappeler l'horreur que tu as pour le duel, je tremble encore que tu ne sois engagé dans quelque affaire de ce genre; ce ne serait pas la première fois que tu te serais cru forcé de manquer à tes principes et de faire une chose antipathique à ton caractère. Je ne vois cependant pas qu'en cette occasion tu doives jouer ta vie contre celle d'un autre. En quoi cela réparera-t-il le tort fait à Fernande ? Un autre homme que toi répondrait qu'il a son affront personnel à venger; mais es-tu capable de commettre ce que tu considères comme un crime pour satisfaire une vengeance personnelle? Tu m'as raconté ton premier duel, c'était précisément avec ce Lorrain; tu cédais bien alors à une considération de ce genre, mais là nécessité était urgente; vous étiez tous les jours en présence l'un de l'autre sous les yeux d'une assemblée, et vous étiez tous deux militaires. Il importait peu que le canon ou l'épée emportât l'un de vous un jour plus tôt ou plus tard; qu'était-ce que la vie pour vous dans ce temps-là? Aujourd'hui que ta position est si différente, comment serait-il possible que tu fisses tout ce voyage pour te laver de calomnies qui ne t'atteignent pas, et te venger d'insultes qu'on n'ose t'adresser que de loin? En vain tu t'efforces de me prouver que ta vie n'est utile désormais à personne, tu te trompes. Oh! ne laisse pas le courage t'abandonner ainsi! c'est un calcul de la paresse, qui veut se croiser les bras, que de se persuader que la tâche est finie. Pourquoi condamnes-tu ton fils avec ce désespoir? Le médecin ne t'a-t-il pas dit que la nature opérait des miracles au-dessus de toutes les prévisions de la science, et qu'avec des soins assidus et un régime sévère, ton enfant pouvait se fortifier? Je maintiens ce régime scrupuleusement, et depuis quelques jours notre cher petit est réellement bien. Si je mourais moi-même, qui le soignerait? Fernande ignore son mal, et d'ailleurs sa sollicitude est presque toujours inhabile. Qui m'impose donc la vie quand tu te démets si facilement de la tienne? Crois-tu qu'elle soit bien belle celle que tu me laisses?

Et Fernande, n'a-t-elle plus besoin de toi? que savons-nous d'Octave, quand il ne sait rien de lui-même, et se pique de ne résister à aucun des caprices qui lui viennent? Il se dit sûr d'aimer toujours Fernande; c'est peut-être vrai, c'est peut-être faux. Il s'est bien conduit depuis qu'il l'a compromise; mais quel homme est-ce là pour te succéder et pour remplir un cœur où tu as régné? Pourra-t-elle l'aimer longtemps? N'aura-t-elle pas besoin un jour qu'on la délivre de lui?

Tu veux que je te dise exactement la vérité sur leur compte, et je sens que je dois le faire; dans ce moment ils sont heureux, ils s'aiment avec emportement, ils sont aveugles, sourds et insensibles; Fernande a des moments de réveil et de désespoir; Octave a des instants d'effroi et d'incertitude; mais ils ne peuvent résister au torrent qui les entraîne. Octave cherche à rassurer sa conscience en rabaissant ta vertu; il n'oserait en douter, mais il tâche de l'expliquer par des motifs qui en diminuent le mérite; pour se dispenser de t'admirer et pour se consoler d'être moins grand que toi, il tâche de saper le piédestal où tu as mérité de monter. Tu as deviné juste, il nie tes passions afin de nier ton sacrifice. Fernande te défend avec plus de vigueur que tu ne penses, et sa vénération résiste à toutes les atteintes; elle dit que tu l'aimes au point de rester aveugle éternellement, elle dit qu'en cela tu es sublime; et alors elle pleure si amèrement que je suis forcée de la consoler et de la relever à ses propres yeux. Ma pauvre sœur ! Il y a des instants où je lui en veux de t'avoir fait tant de mal ; quand je vois son visage serein et sa main dans celle d'Octave, je fuis, je me cache au fond des bois, ou je vais pleurer auprès du berceau de ton fils, pour exhaler mon indignation sans les faire souffrir. Mais quand je la vois torturée de remords, je la plains et je souffre avec elle. Je pense, comme toi, que son aventure est moins grave que la pruderie de beaucoup de femmes ne voudra le faire croire ; je vois qu'elle ne lui a point aliéné l'amitié de madame Borel, qui me paraît une personne généreuse et sensée. Sa vie pourrait être encore bien belle, si Octave voulait ; elle retournerait à toi, j'en suis sûre, si elle avait à se plaindre de lui ou s'il lui inspirait le courage qu'au contraire il cherche à lui ôter. Pourrait-elle rougir d'accepter son pardon d'une âme aussi noble que la tienne, et souffrirais-tu en le lui accordant ? Oh ! combien tu l'aimes encore, et quel amour que le tien ! Tu n'es occupé, au sein de cet océan de douleurs, qu'à lui éviter la centième partie de celles que tu ressens.

J'ai reçu de madame de Theursan l'étrange envoi de quelques centaines de francs ; ce n'est pas, comme tu penses, la modicité du présent qui me l'a fait refuser ; je sais qu'elle n'a pas de fortune et que ce présent est libéral eu égard à ses moyens ; mais j'admire cette réparation de l'abandon de toute ma vie. Cela ressemble à une dérision ; j'ai pourtant remercié et n'ai motivé mon refus que sur l'absence de besoins.

Peut-être devrais-je être reconnaissante de l'intention, je ne puis; je ne lui pardonnerai jamais de m'avoir mise au monde.

XXX

DE JACQUES A SYLVIA.

Que veux-tu que je te dise? ce Lorrain était un méchant homme, et je l'ai tué. Il a tiré sur moi le premier, je l'avais provoqué, il m'a manqué; je savais que je n'avais qu'à vouloir pour l'abattre, et j'ai voulu. Est-ce un crime que j'ai commis? Certainement; mais que m'importe! je ne suis pas capable de savoir ce que c'est que le remords dans ce moment-ci. Il y a tant d'autres choses qui bouillonnent en moi, et qui me transportent hors de moi-même! Dieu me le pardonnera. Ce n'est plus moi qui agis : Jacques est mort; l'être qui lui succède est un malheureux que Dieu n'a pas béni, et dont il ne s'occupe pas. J'aurais pu être bon, si mon destin s'était prêté à mes sentiments; mais tout a échoué, tout m'abandonne; l'homme physique reprend le dessus, et cet homme a un instinct de tigre comme tous les autres. Je sentais la soif du sang me brûler; ce meurtre m'a un peu soulagé. En expirant, le malheureux m'a dit : — Jacques, il était écrit que je mourrais de ta main; sans cela tu ne m'aurais pas estropié pour une caricature, et tu ne me tuerais pas aujourd'hui pour te venger d'être... Il est mort en m'adressant cette grossièreté qui semblait le consoler. Je suis resté longtemps immobile à contempler l'expression d'ironie qui restait sur la face de ce cadavre : ses yeux fixes semblaient me braver, son sourire semblait nier ma vengeance; j'aurais voulu le tuer une seconde fois. Il faudra que j'en tue un autre, n'importe lequel; cela me soulage, et cela fait du bien à Fernande : rien ne réhabilite une femme comme la vengeance des affronts qu'elle a reçus. On dit ici que je suis fou, peu m'importe! on ne dira plus que je souffre l'infidélité de ma femme, parce que je ne sais pas me battre; on dira que j'ai pour elle une passion qui m'a fait perdre l'esprit. Eh bien! on pensera du moins que c'est une femme digne d'amour que celle qui exerce un tel empire sur l'époux qu'elle n'aime plus; les autres femmes envieront cette espèce de trône où, dans mon délire, je l'aurai placée, et Octave enviera mon rôle un instant; car il n'y a que moi qui aie le droit de me battre pour elle, et il est obligé de me laisser réparer le mal qu'il a commis.

Adieu. Ne t'inquiète pas de moi, je vivrai; je sens que c'est mon destin, et que dans ce moment mon corps est invulnérable. Il y a une main invisible qui me couvre, et qui se réserve de me frapper. Non, ma vie n'est au pouvoir d'aucun homme : j'en ai l'intime révélation ; j'en ai fait le sacrifice, et il m'est absolument indifférent de la perdre ou de la conserver. L'ange qui protége Fernande est venu près de moi, et il me parle d'elle dans mon sommeil ; il étend ses ailes sur moi quand je me bats pour elle ; quand je ne serai plus nécessaire à personne, lui aussi m'abandonnera. J'ai fait mon testament à Paris ; en cas de mort de mon fils, je laisse les deux tiers de mon bien à ma femme, et à toi le reste ; mais ne crains rien, mon heure n'est pas venue.

XXXI

DE M. BOREL AU CAPITAINE JEAN.

Cerisy.

Mon camarade, il faut que vous alliez me remplacer à Tours, sur-le-champ, auprès de Jacques qui se bat encore ce soir. Je ne puis ni lui servir de témoin, ni même aller vous investir de mes fonctions ; j'ai une attaque de goutte si bien conditionnée qu'il me serait impossible de faire une lieue en voiture. Jacques vient de m'envoyer chercher ; allez tout de suite, par la traverse, lui offrir mes excuses et vos services ; ces choses-là ne se refusent pas. Je vais tâcher de vous mettre en trois mots au courant de l'affaire. A peine reposé d'avoir tué hier Lorrain à qui Dieu fasse paix, Jacques s'en va au café comme si de rien n'était ; et, avec cette manière glaciale que vous lui connaissez quand il est en colère, il fume sa pipe et prend sa demi-tasse en présence de plus de cent paires de moustaches jeunes et vieilles qui l'examinaient non sans un peu de curiosité, comme vous pensez. Les jeunes officiers qui ont fait la farce que vous savez à l'amant de sa femme, se sont crus insultés ou au moins provoqués par sa présence et par sa figure; ils ont affecté de parler à haute voix des maris trompés en général, et de répéter, à une table voisine de la sienne, le mot qui pouvait flatter le moins les oreilles de Jacques. Comme il restait impassible, ils ont parlé un peu plus clairement de sa femme, et ils ont fini par la désigner si bien, que Jacques s'est levé en disant : « Vous en avez menti, » du ton dont il aurait dit : « Je suis bien votre serviteur. » Deux de ces messieurs, qui avaient parlé en dernier, se levèrent en demandant à qui s'adressait le démenti. — A tous deux, répondit Jacques; que celui qui voudra m'en demander raison le premier se nomme.—Moi, Philippe de Munck, demain à l'heure que vous voudrez, dit l'un d'eux.—Non pas, reprit Jacques, ce soir, s'il vous plaît; car vous êtes deux, et il faut que j'aie le temps de rendre raison à monsieur demain, avant que la police me contrarie.— C'est juste, répondit M. de Munck; ce soir à six heures et au sabre.—Au sabre, soit, dit Jacques. Vous voyez que c'est une affaire qui ne peut s'arranger en aucune façon. Deux heures après, j'ai reçu un message de lui pour me prier de lui servir encore de témoin; mais précisément j'ai pris la goutte dans la rosée d'hier à l'affaire de Lorrain, et peut-être ai-je éprouvé aussi un peu d'émotion en voyant tomber ce pauvre diable.

Ce n'est pas une grande perte, mais il y avait longtemps que cela grisonnait auprès de nous, et nous ne sommes plus à l'âge où un camarade tombait comme une noix d'un noyer. Ce Jacques est étonnant, et cela prouve bien qu'un homme ne change qu'en dehors : l'arbre ne fait que renouveler son écorce ; et Jacques est aujourd'hui le même que nous avons connu il y a vingt ans. On ne dira plus : Voyez ce que deviennent ces vieux militaires, et comme leurs femmes les font marcher ! en voilà un qui se battait pour un coup de crayon, et qui se laisse déshonorer sans rien dire. Ma foi! je l'ai dit moi-même, et sa situation m'occupait tellement qu'avant-hier, une heure avant d'apprendre qu'il était ici, je rêvais de lui, et je m'éveillai en criant, à ce que m'a dit ma femme : « Jacques, Jacques ! qu'es-tu devenu ! » Mais un homme de cœur se retrouve toujours. Espérons qu'en sortant de là il ira tuer l'amant de sa femme ; faites-lui sentir qu'il le doit, que sans cela tout ce qu'il fait maintenant ne sert à rien. Allez vite. Le préfet est un brave garçon qui laisse aller les duels sans faire de tracasserie ; pourtant trois affaires en trois jours, c'est plus que ne comporte l'ordonnance, et il pourrait bien arriver que Jacques fût arrêté après la seconde. Il faut qu'il se dépêche. Écrivez-moi par un exprès ce soir quand il aura fini avec M. de Munck. J'enrage de n'être pas là ; j'aimerais mieux perdre un bras que de voir Jacques manquer à l'appel.

XXXII

DU CAPITAINE JEAN A M. BOREL.

Tours.

Jacques en a fini avec tous ses adversaires sans recevoir une égratignure; il a du bonheur au jeu, comme tous ceux qui n'en ont pas en ménage. M. de Munck a une estafilade au travers de la figure, qui lui sépare le nez en deux, ce qui doit singulièrement le vexer. Cela ne rendra l'honneur à aucun mari, mais pourra bien en consoler quelques-uns et en préserver quelques autres. C'est un joli garçon de moins. La beauté pleurera, et lui cherchera un successeur; l'autre jeune homme ne s'est pas soucié de demander son reste à Jacques. C'était un poulet de dix-neuf ans, un fils unique, un enfant de famille, que sais-je? Les témoins ont montré tant de désir d'arranger l'affaire, que nous avons consenti à dire que nous étions fâchés d'avoir donné un démenti, s'il était vrai qu'on n'eût pas eu

l'intention de nous impatienter. On a assuré qu'on n'avait pas eu cette intention. Cela pourra bien faire tort à l'enfant; mais je conçois que, ses témoins ayant rendu un peu la main, la partie était trop inégale entre lui et Jacques. Nous avons eu assez de peine à faire entendre raison à celui-ci, il a une bile de tous les diables, et ce n'est qu'après mûre délibération qu'il s'est un peu adouci. Savez-vous que le camarade va bien? C'est ce qui s'appelle ne pas mettre les pouces, et qu'il ait tort ou raison de sabrer par ici, plutôt que de sabrer par là-bas, c'est plaisir et honneur de voir un ancien camarade faire de pareilles preuves avec la nouvelle armée. Au reste, le camarade n'est pas de bonne humeur; et pour ceux qui le connaissent un peu, il est facile de voir qu'il a soif du sang de bien d'autres. Je ne sais pas ce qu'il compte faire; je lui ai dit, en recevant ses remercîments pour lui avoir servi de témoin : —Je voudrais t'en servir dans une quatrième occasion, et je ferais volontiers le voyage avec toi pour ça. A présent tu as la main remise, est-ce que tu ne vas pas t'en prendre à qui de droit? Il m'a répondu moitié figue, moitié raisin :
— Si on te le demande, tu diras que tu n'en sais rien.
— Ah çà! est-ce que tu en veux aussi aux anciens? lui ai-je dit. Là-dessus, il m'a embrassé, en me chargeant de te faire ses adieux et ses amitiés. Il doit être parti maintenant, car le préfet lui a fait dire en dessous main qu'il allait être forcé de le faire arrêter, s'il ne tirait ses guêtres bien vite. Je l'ai laissé fermant

sa malle et je suis revenu à mon *perchoir*, où je vous attends à déjeuner aussitôt que la goutte vous le permettra; en attendant, j'irai fumer une pipe et jaser de tout cela avec vous. Il y a beaucoup à dire pour et contre Jacques; c'est un drôle de corps, mais il a fait feu des quatre pieds.

XXXIII

DE JACQUES A SYLVIA.

Aoste.

Tu dois avoir reçu un billet que je t'ai envoyé de Clermont, par lequel je t'annonçais que j'étais sorti sans égratignure de mes trois duels, et que mon corps se portait aussi bien que mon âme se porte mal : ce sont les plus mauvaises nouvelles qu'un homme puisse donner de lui-même. Un corps qui s'obstine à vivre, et qui nourrit avec vigueur les peines de l'âme, est un triste présent du ciel. Ce que je ne t'ai pas dit, c'est que j'allais passer à deux pas de toi sans te voir ; j'ai refait cette route de Lyon pour la vingtième fois, et pour la première j'ai passé auprès de ma vallée chérie sans y entrer. Il était six heures du matin quand je me suis trouvé sur le haut de la côte Saint-Jean, et les postillons, qui me connaissent bien, avaient déjà tourné le chemin pour descendre, quand je leur ai dit de continuer vers le midi. Penché à la portière, j'ai longtemps contemplé ce beau site que je ne reverrai peut-être plus, et tous ces sentiers que nous avons tant de fois parcourus ensemble ; mais j'ai longtemps hésité à regarder ma maison. Enfin, au moment où le bois Marion allait me la cacher, j'ai fait arrêter, et je suis monté au-dessus de la route pour la regarder à mon aise et m'abreuver de ma douleur. Le soleil levant étincelait dans tes vitres : étais-tu donc déjà levée ? Les volets de Fernande étaient fermés ; elle dormait peut-être dans les bras de son amant. Cette maison, ces jardins et cette vallée m'inspirèrent une espèce de haine ; je viens de tuer un homme et d'en défigurer un autre sans aucun motif raisonnable que de satisfaire ma vanité blessée, et j'ai dû regarder tranquillement le toit qui abrite mon désespoir et ma honte !

Oui, ma honte ! Je sais bien que c'est un des mots de convention adoptés par une société stupide, et qui, devant la raison, ne présentent aucun sens : l'honneur d'un homme ne peut pas être attaché au flanc d'une femme, et il n'est au pouvoir de personne de compromettre ou d'entacher le mien ; mais je n'en suis pas moins obligé d'être en guerre avec tout le monde parce que je suis dans une position ridicule, et que pour m'en laver je me couvre en vain de sang. Il n'y en a qu'un, je le sais bien, qui peut enlever ce sourire cruel que je trouve sur la figure de tous mes amis. O Fernande ! j'aime pourtant mieux faire rire de moi que de faire couler tes larmes ; j'aime mieux les railleries de l'univers entier que ta haine et ta douleur ! Il n'est pas besoin d'être un héros pour cela ; car je suis devenu une espèce de brute vindicative et cruelle, et j'ai encore assez de bon sens et de justice pour comprendre ce que la logique de mon affection me démontre.

J'ai eu de singulières discussions avec Borel ; quelques autres vieux amis de l'armée ont essayé de m'entamer adroitement, et de me faire parler, soit par intérêt, soit par curiosité ; j'ai fait à ceux-là des réponses évasives et même brutales : j'avais horreur de leur amitié comme de tout le reste. Je n'ai pourtant pas pu me dispenser de parler avec Borel, parce qu'au fond de ses systèmes imbéciles il y a un certain bon sens naturel qui entend parfois raison, et, dans le blâme qu'il me prodigue, un véritable dévouement. Il était si mal disposé contre Fernande, que j'éprouvais surtout le besoin de la justifier. Nous avons passé deux jours ensemble à Tours, lui à me faire des remontrances, moi à chercher, tout en l'écoutant d'une oreille, l'occasion de me battre avec Lorrain. Nous avons échangé bien des raisonnements inutiles, lui voulant me prouver que je ne pouvais plus aimer ma femme, et moi tâchant de lui faire comprendre qu'il m'était impossible de ne pas l'aimer encore. Il a terminé ses harangues en me demandant à quoi servirait ma conduite, et si j'espérais servir de modèle et de type aux maris généreux : à quoi j'ai répondu, en riant, que je n'avais même pas la prétention de faire suivre mon exemple par les amants. Sa lourde sollicitude ne m'a du reste épargné aucun des coups d'épingle qu'une âme brisée peut recevoir à la suite d'un désastre. De tous les hommes que j'ai connus, ami, ennemi, ou indifférent, il n'en est pas un qui n'ait donné un coup de main pour me pousser dans la tombe.

J'ai eu bien de la peine à calmer mon sang irrité ; je me serais jeté devant la bouche d'un canon avec la certitude que je devais servir de boulet pour tuer les autres. Cette espèce de croyance à la fatalité aurait fait de moi un héros ou un tigre, suivant la différence d'un cheveu dans le poids des circonstances qui me portaient. J'ai été au moment de tuer un enfant de dix-neuf ans pour un mot ; et puis je lui avais fait grâce, quand m'est venu un billet mystérieux qu'une femme m'écrivait pour me supplier d'épargner sa vie et de renoncer à ma fureur. C'était un billet sublime d'expression et de sentiment. Je crus d'abord qu'il était d'une mère, et j'allais y céder avec attendrissement, lorsqu'en le relisant je m'aperçus qu'il était d'une maîtresse. Elle me suppliait de lui laisser le bonheur. Le bonheur ! ce mot-là me rendit furieux. Hélas ! ma pauvre Sylvia, j'avais perdu la tête ; j'aurais voulu tuer tous ceux qui étaient moins malheureux que moi ; je m'obstinais à faire battre ce jeune homme ; il me semblait obéir à l'impulsion d'une main impitoyable et accomplir quelque rêve terrible. Le capitaine Jean, un de mes témoins, me parlait depuis longtemps sans que ses discours présentassent aucun sens à mon esprit ; enfin, il réussit à me faire entendre un seul mot : *Ah! çà, Jacques, tu veux donc massacrer aujourd'hui?* Ce mot *massacrer* tomba sur ma poitrine brûlante comme une goutte d'eau froide ; il me sembla que je m'éveillais d'un rêve. Je fis tout ce qu'il désirait, sans même écouter dans quels termes on arrangeait la partie de mon honneur ; il ne m'importait plus de faire effet par ma bravoure. Il m'avait semblé d'abord que j'avais envie de me disculper du reproche d'être lâche, et qu'à ce sentiment d'orgueil blessé j'aurais sacrifié la vie de mon père ; mais ce n'était qu'un prétexte dont se servait mon désespoir pour me pousser : j'avais un accès de rage tout simplement ; et quand il fut apaisé, je retombai dans l'apathie, comme un fou furieux, dans l'accablement qui suit une de ses crises, se laisse tomber sur la paille et regarde autour de lui d'un air stupide. On fit approcher de moi mon adversaire, pour que, suivant l'usage, nous eussions à échanger une poignée de main ; mais entre chaque minute il s'écoulait de tels siècles dans ma tête, que j'obéis machinalement et avec surprise. Je ne me souvenais pas de l'avoir jamais vu ; j'étais déjà à cent ans de ce qui venait de se passer en moi ; j'étais entré dans le néant de l'âme, qui est désormais mon refuge en cette vie.

Me voilà donc calmé! que Dieu me pardonne à quel prix! Mais il sait bien que cela n'a pas dépendu de moi, et que mon être a été transformé à l'insu de ma volonté. Ah! cette colère, elle était affreuse! mais elle me faisait du bien comme les convulsions et les rugissements à un épileptique. Je suis maintenant plus pesant qu'une montagne, plus froid qu'un glacier; je contemple ma vie avec un affreux sang-froid; je me fais l'effet de ces martyrs des temps fabuleux du christianisme qui, après le supplice, se relevaient par miracle, ramassaient tranquillement leur cœur ou leur tête pantelant sur l'arène, et se mettaient à marcher emportant leur âme séparée de leur corps aux yeux des hommes épouvantés.

Un autre que moi n'aurait pas pu certainement supporter mon destin : il n'y a que moi sur la terre qui aie la force d'accomplir une pareille vie, sans mourir de lassitude ou sans me tuer dans un accès de délire. J'ai pourtant traversé tout cela, et me voici encore! Ce qu'il y avait de jeune, de généreux et de sensible en moi n'est plus; mais mon corps est debout, et ma triste raison contemple sans nuage la ruine de toutes ses illusions. Maudite soit cette organisation régulière et solide que ne peuvent briser les événements! Don funeste! Avais-je commis quelque crime avant de naître, pour avoir la malédiction du premier homme, l'exil dans le désert, et l'injonction de vivre?

Je suis passé ce matin près d'une maison de campagne que la beauté de la nature fit construire au pied des montagnes, et que la rigueur du climat a fait abandonner; je me suis arrêté pour entrer dans le clos, attiré par l'air de tristesse et de destruction qui régnait en ce lieu; j'y suis resté deux heures, abîmé dans la pensée de mon désespoir et de mon isolement. Et toi aussi, vieux Jacques, tu fus un marbre solide et pur, et tu sortis de la main de Dieu fier et sans tache; comme une statue neuve sort de l'atelier et se dresse sur son piédestal dans une attitude orgueilleuse; mais te voilà comme une de ces allégories usées et rongées par le temps, qui se tiennent encore debout dans les jardins abandonnés; tu décores très-bien le désert : pourquoi sembles-tu t'ennuyer de la solitude? Tu trouves le temps long et l'hiver bien rude; il te tarde de tomber en poussière, et de ne plus lever vers le ciel ce front jadis superbe que le vent insulte aujourd'hui et où l'air humide amasse une mousse noire comme un voile de deuil; tant d'orages ont terni ton éclat, que ceux qui passent ne savent plus si tu es d'albâtre ou d'argile sous ton crêpe funèbre. Reste, reste dans ton néant, et ne compte plus les jours : tu dureras peut-être longtemps encore, pierre misérable! Tu te glorifiais d'être une matière inattaquable : à présent, tu envies le sort du roseau desséché qui se brise les jours d'orage. Mais la gelée fend les marbres; le froid te détruira : espère en lui!

XXXIV

D'OCTAVE A HERBERT.

Malgré la colère des uns, les remords des autres, et l'incertitude de mon esprit au milieu de tout cela, je ne peux pas m'empêcher d'être heureux, mon cher Herbert, car mon cœur est rempli d'amour et mon sort est fixé. Une affection indissoluble m'attache à Fernande, n'en doutez pas : je ne suis pas inconstant. On peut me rebuter. La femme que j'aime, quand elle s'obstine à me repousser, peut finir par me dégoûter d'elle ; mais ce n'est pas une autre femme qui peut m'en distraire, avant qu'elle l'ait elle-même ordonné. Malgré la différence effrayante de nos caractères, j'ai longtemps aimé Sylvia et j'ai lutté contre ses dédains longtemps après qu'elle ne m'aimait plus. Fernande est une tout autre femme. C'est celle-là qui est née pour moi, et dont les défauts même semblent combinés pour resserrer nos liens et rendre notre intimité nécessaire. Je ne sais pas si je suis aussi criminel que Sylvia veut me le faire croire, mais il m'est impossible de ne pas me sentir amoureux et transporté de joie. L'amour est égoïste; il s'assied aveugle et joyeux sur les ruines du monde, et se pâme de plaisir sur des ossements comme sur des fleurs. J'ai fait le sacrifice du chagrin d'autrui comme j'ai fait celui de ma propre vie. Je ne connais plus les lois du tien et du mien. Fernande s'est confiée à moi, j'ai juré de l'aimer, de vivre et de mourir pour elle; je ne sais que cela, et tout le reste m'est étranger. Jacques peut venir à toute heure du jour et de la nuit me demander mon sang et le boire à son aise sans que je le lui dispute. Pour l'acquit de ma conscience, je livre ma poitrine nue; qu'est-ce qu'un homme peut faire de plus? Et de quoi Jacques peut-il se plaindre? Je ne porte pas de cuirasse et je ne dors pas sous les verrous. Sylvia, croyant me faire tomber à genoux devant son idole, me lit quelques fragments de ses lettres. Il commence à faire de la poésie sur sa douleur; il est à moitié guéri. Il s'est battu bravement, et il a bien fait. J'en aurais fait autant à sa place, et, si j'en avais eu le droit, je l'aurais prévenu. Il a bien recommandé de cacher ces événements à sa femme; il peut être tranquille, je m'en charge. Je n'ai pas envie qu'elle retombe malade, et je veille sur elle comme sur un bien qui m'appartient désormais. J'ai trouvé hier à la poste une lettre de Clémence pour elle. Comme je connais fort bien l'écriture, j'ai ouvert sans façon la missive, et j'y ai trouvé tous les charitables avertissements auxquels je m'attendais; de plus, la nouvelle additionelle, le mensonge gratuit d'une bonne blessure que, selon la renommée et selon elle, Jacques aurait reçue dans la poitrine. J'ai déchiré la lettre, et j'ai pris des mesures pour que toutes les dépêches adressées à Fernande passent par mes mains en arrivant. Celles de Jacques seront respectées religieusement; mais gare aux autres! Il m'en coûte assez pour la voir heureuse et endormie sur mon cœur. Je ne me soucie pas qu'une prude envieuse ou une mère infâme viennent la réveiller pour le plaisir de nous faire du mal à tous deux. Elle est encore délicate; l'absence de Jacques, qui lui écrit rarement, et la mauvaise santé de son fils, sont pour elle des sujets suffisants d'inquiétude et de chagrin. Ma sollicitude entretient encore le calme et l'espoir dans son cœur. Rien ne me coûtera, rien ne me répugnera pour la préserver le plus longtemps possible des coups qui la menacent. Je suis égoïste, je le sais, mais je le suis sans honte et sans peur. L'égoïsme qui se dissimule et rougit de lui-même est une petitesse et une lâcheté; celui qui travaille hardiment au grand jour est un soldat courageux qui lutte contre ses ennemis et s'enrichit des dépouilles du vaincu. Celui-là peut conquérir son bonheur ou défendre celui d'autrui. Qui donc a jamais songé à accuser de vol et de cruauté celui qui triomphe et qui fait bon usage de la victoire?

XXXV

DE JACQUES A SYLVIA.

Aoste.

Il faut avoir vécu ma vie pour savoir quelle chose horrible est devenu pour moi l'isolement. J'ai aimé passionnément la solitude, qui est une chose bien différente. Alors j'étais jeune. J'avais l'avenir ou le présent. Je suis venu plusieurs fois dans les montagnes avec le cœur plein de passions. J'ai peuplé leurs retraites sauvages de mes sentiments ou de mes rêves. J'y ai savouré mon bonheur ou caché ma souffrance. J'y ai vécu enfin. Je passais. Je quittais une affection pour la retrouver, ou plutôt je l'apportais là dans le secret de mon âme pour l'interroger et pour m'en repaître. J'y ai répandu des larmes chaudes d'espérance; j'y ai pressé sur mon cœur des fantômes adorés et des spectres de feu. Il est bien vrai que j'y suis venu aussi maudire et détester ce que j'avais aimé en d'autres temps ; mais j'aimais quelque autre chose ou j'attendais un autre amour. Mon sein était riche, et je pouvais mettre une idole de diamant à la place de l'idole d'or qui était tombée. A présent, j'y viens avec un cœur vide et désolé, et, à la manière dont je souffre, je vois bien que je ne guérirai plus. Ce qu'il y a de terrible, ce n'est pas tant le manque d'espoir que le manque de désir. Ma douleur est morne comme ces pics de glace que le soleil n'entame jamais. Je sais que je ne vis plus et je n'ai plus envie de vivre. Ces rochers et ces froides cavernes me font horreur, et je m'y enfonce comme un fou qui se noie pour fuir l'incendie. Si je regarde au loin, la peur me prend ; la seule vue de l'horizon me fait frissonner, parce que je crois y voir planer tous mes souvenirs et tous mes maux, et je m'imagine qu'ils me poursuivent avec des ailes rapides. Où irai-je pour leur échapper ? Ce sera partout de même. Je suis venu jusqu'ici avec l'intention de voyager ou au moins de parcourir toute cette contrée romantique. Je sentais comme un reste d'activité, comme une inquiétude de ne pas être bien mort. Et puis je me suis laissé tomber sur ce rocher de Saint-Bernard, et je ne songe plus à quitter la cabane où je me suis arrêté, croyant n'y passer qu'une heure ; m'y voilà depuis près d'un mois, chaque jour plus inerte, plus indifférent, plus paralytique. Je ne sens même plus l'atmosphère, et j'ai souvent chaud là où il doit faire froid, tandis qu'en d'autres moments un rayon de soleil, qui brûle l'herbe à mes pieds, ne rend pas la circulation à mon sang glacé. Il y a des jours où je marche précipitamment sur le bord des abîmes sans soupçonner le danger, sans ressentir la lassitude ; je suis alors comme une roue qui a perdu son balancier, et qui tourne follement jusqu'à ce que sa chaîne trop tendue fasse rompre la machine. Dans ces jours-là, je traverse comme par miracle des passages où jamais le pied d'un homme ne s'est hasardé, et quand je m'en aperçois ensuite, je ne peux plus comprendre comment cela s'est fait. J'espère quelquefois que je suis devenu fou. Mais à cette exaltation terrible succèdent des jours de mort. Cette force maladive tombe tout à coup et fait place à une fatigue épouvantable. La pensée joue un rôle bien effacé dans tout cela. Quelquefois je cherche la nuit à me rappeler ce qui a occupé mon cerveau dans la journée, et il m'est impossible de le retrouver. Ma mémoire ne me présente plus que l'image des objets matériels qui m'ont entouré. Je vois des montagnes, des ravins, des ponts étroits suspendus sur des abîmes de fumée blanche, et tout cela se succède et s'enchaîne pendant des heures entières jusqu'à m'obséder. Alors je me lève dans l'obscurité et je touche les murs de ma chambre en faisant des efforts incroyables pour sortir de ce rêve sans sommeil. Quelquefois je me recouche sans avoir pu changer ces images qui me harcellent, et j'attends le jour avec impatience pour m'élancer comme malgré moi dans la campagne. Alors tout s'efface, je marche au hasard, et il me semble être enveloppé de vapeurs qui me cachent la réalité. D'autres fois il m'arrive de m'apercevoir que je pense; je vois dans mon imagination des tableaux affreux : mon fils mourant, ma femme dans les bras d'un autre; mais je regarde tout cela avec un sang-froid imbécile, jusqu'à ce qu'il me vienne une sorte de réveil qui me montre à moi-même. Je me vois dans ce tableau; cette femme est la mienne; cet enfant est à moi; je suis Jacques, l'amant oublié, l'époux outragé, le père sans espoir et sans postérité; et je m'assieds, car mes jambes ne peuvent plus me porter, et une idée me fatigue plus en un instant qu'une journée d'agitation et de marche forcée.

Il y a deux ans, j'étais dans un état déplorable d'ennui et de souffrance. Mais que de donnerais-je pas pour retourner en arrière! Je craignais de ne plus pouvoir aimer. Depuis longtemps je n'avais pas rencontré une femme digne d'amour. Je m'impatientais et je m'effrayais de ce long sommeil de mon cœur; je me demandais si c'était la faute de son impuissance, et je sentais bien que non. Mais je voyais les années s'envoler comme des rêves, je me disais qu'il n'y avait plus pour moi de temps à perdre, si je voulais être heureux encore une fois. Je pensais que posséder une femme par le mariage, c'était assurer, autant que possible, la durée de ce bonheur; je ne me flattais pas de le conserver toute ma vie, mais j'espérais qu'il me conduirait jusqu'à cette dernière période de la jeunesse, où la philosophie devient facile à mesure que les passions s'éteignent. Il n'en est point ainsi. Je ne suis pas encore assez vieux pour me détacher de tout et pour me consoler d'avoir tout perdu. Mon espérance est morte encore verte, et de mort violente; mais je ne suis plus assez jeune pour croire qu'elle puisse renaître. Cet effort est le dernier que mes forces morales m'ont permis. Je m'étais créé une famille, une maison, une patrie; j'avais rassemblé, sur un coin de terre, les deux seuls êtres qui me fussent chers, elle et toi. Dieu m'avait béni en me donnant des enfants. Cela eût pu durer cinq à six ans! Notre vallée était si belle! je prenais tant de soin pour rendre ma femme heureuse, et elle semblait m'aimer si passionnément! Mais un homme est venu et a tout détruit; son souffle a empoisonné le lait qui nourrissait mes enfants. Oui! j'en suis sûr, c'est son premier baiser sur les lèvres de Fernande qui les a tués, comme c'est son premier regard sur elle qui a tué son amour pour moi.

Je suis peut-être injuste et fou de m'en prendre à lui; peut-être en eût-elle aimé un autre si celui-là ne fût pas venu; peut-être ne m'a-t-elle jamais aimé. Elle sentait le besoin d'abandonner son cœur, et elle me l'a confié sans discernement; elle a pris pour une passion durable ce qui n'était qu'un caprice d'enfant, ou un sentiment d'amitié filiale qui se trompait faute de savoir ce que c'est que l'amour. Avec moi, elle souffrait sans cesse, elle était mécontente de tout; je ne réussissais jamais à produire l'effet que je voulais sur son esprit, et elle attribuait à mes moindres actions des motifs tout opposés à la réalité ; ou nous ne nous comprenions pas, ou nous nous comprenions trop. Durant notre voyage en Touraine, alors qu'elle essayait un sacrifice au-dessus de ses forces, et que le dérangement de son être démentait sa volonté, il lui est arrivé de me dire plusieurs fois, dans un accès de colère nerveuse insurmontable, qu'elle avait toujours senti que nous n'étions pas faits l'un pour l'autre. Elle m'a accusé de l'avoir senti aussi, et de l'avoir épousée malgré cela ; elle m'a rappelé mille circonstances légères qu'elle me présentait comme des preuves. Il est vrai qu'elle rétractait le lendemain ces paroles, qu'elle disait échappées à son délire, et je feignais de les avoir oubliées ; mais elles s'étaient enfoncées dans mon cœur comme des poignards, et depuis j'en ai mis souvent le souvenir sur mes plaies pour les cautériser.

Hélas ! faut-il renoncer aussi au passé ? elle aurait dû au moins me le laisser ; je me serais nourri d'une douleur moins amère. Mais à présent il faut que tout soit détruit et gâté, même le souvenir du bonheur perdu ! Si elle m'a aimé, elle m'a aimé moins longtemps et moins fortement que lui ; car elle s'est éprise de lui dès le premier jour, il ne faut plus en douter. Elle s'est trompée elle-même pendant six ou huit mois ; son âge est si riche en illusions, elle croyait m'aimer encore ; mais moi je voyais bien où elle en était. Elle s'est trouvée surprise tout à coup par un amour nouveau, avant de savoir que l'autre était anéanti.

Ma douleur se calmera, je n'en doute pas; je la laisse s'exhaler, je ne cherche point à la combattre, je ne rougis pas de crier comme une femme quand mes accès me prennent; je sais que j'en viendrai à être tranquille et résigné; je ne suis pas impatient de ce moment-là, il sera plus affreux encore que le présent; j'aurai accepté ma sentence; je verrai mon malheur distinctement, et je le sentirai par tous les pores; je n'aurai plus rien de jeune dans le cœur, le regret lui-même s'éteindra. L'orgueil humain ne veut pas lutter contre une espérance perdue, contre un amour qui se retire; il prend son parti, et, en quelques jours, l'homme devient un vieillard. J'aime encore Fernande, parce qu'un amour comme le mien ne peut pas finir sans convulsions et sans une rude agonie; mais je sens que bientôt je ne pourrai plus l'aimer, et mon sort sera pire.

Si Dieu faisait un miracle en ma faveur; s'il me conservait mon fils, je vivrais, non avec une joie, mais avec un devoir, et je m'occuperais à le remplir. Mais ce pauvre enfant ne fait que traîner une existence languissante et prolonger mes tristes jours, sans faire rétractrer l'arrêt qui a mesuré impitoyablement les siens. Il faut que je l'attende, ce pauvre insecte qui se traîne lentement vers la mort, et sans lequel je ne veux point partir. Je me souviens que je disais une fois : « Que peut-il arriver de pire à un honnête homme? D'être forcé de mourir, voilà tout. » Aujourd'hui je vois qu'il y a quelque chose de pis, c'est d'être forcé de vivre.

XXXVI

DE SYLVIA A JACQUES.

Jacques! reviens, Fernande a besoin de toi; elle est malade de nouveau parce qu'elle vient d'éprouver une grande douleur; rien ne peut la calmer. Elle t'appelle avec angoisse, elle dit que tous les maux qui lui arrivent viennent de ton abandon; que tu étais sa providence et que tu l'as quittée. Elle s'effraye de ta longue absence, et dit qu'il faut que tu sois informé de tout pour avoir pris ainsi en horreur ta famille et ta maison. Elle craint que tu ne la haïsses, et la douleur que cette idée lui cause résiste à toutes nos consolations; elle veut mourir, parce que, dit-elle, il n'est pas un instant de repos et d'espoir sur la terre pour quiconque a possédé ton affection et l'a perdue. Prends courage, Jacques, et viens souffrir ici! Tu es encore nécessaire; que cette idée te donne de la force!

Il y a autour de toi des êtres qui ont besoin de toi. Et puis ta vie n'est pas finie. N'y a-t-il donc rien autre chose que l'amour? L'amitié que Fernande a pour toi est plus forte que l'amour que lui inspire Octave. Tous ses soins et tout son dévouement, qui s'est vraiment soutenu au delà de mon espérance, échouent auprès d'elle quand il s'agit de toi. Peut-il en être autrement? Peut-elle vénérer un autre homme comme toi? Reviens vivre parmi nous. Me comptes-tu pour rien dans ta vie? ne t'ai-je pas bien aimé? t'ai-je jamais fait du mal? ne sais-tu pas que tu es ma première et presque ma seule affection? Surmonte l'horreur que t'inspire Octave, ce sera l'affaire d'un jour. J'ai souffert aussi pour m'habituer à le voir à ta place; mais laisse-la-lui et prends-en une meilleure; sois l'ami et le père, le consolateur et l'appui de la famille. N'es-tu pas au-dessus d'une vaine et grossière jalousie? Reprends le cœur de ta femme, laisse le reste à ce jeune homme! L'imagination et les sens de Fernande ont peut-être besoin d'un amour moins élevé que celui que tu veux lui inspirer. Tu t'es résigné à ce sacrifice, résigne-toi à en être le témoin, et que la générosité fasse taire l'amour-propre. Est-ce quelques caresses de plus ou de moins qui entretiennent ou détruisent une affection aussi sainte que la vôtre? Cette jalousie d'enfant n'est pas digne de ta grande âme, et tu as au front bien des cheveux blancs qui te donnent le droit d'être le père de ta femme, sans avilir la dignité de ton rôle de mari. Tu ne peux pas douter de la délicatesse avec laquelle Fernande évitera tout ce qui pourrait te blesser. Octave lui-même te deviendra supportable; c'est un assez noble caractère, et depuis ces trois mois, si difficiles pour nous tous, j'ai découvert en lui des vertus sur lesquelles je ne comptais pas. Il tomberait à tes pieds, si tu t'expliquais à lui, s'il te comprenait et s'il savait ce que tu es. Reviens donc essuyer les larmes de Fernande, car toi seul pourras rendre un peu de courage et de calme à son cœur. Elle est encore frappée d'un de ces malheurs pour lesquels l'amour n'a point de consolation; toi seul aurais le droit de lui en offrir, parce que tu es de moitié dans son infortune. Tu comprends ce qui est arrivé? Je t'attends!

XXXVII

DE JACQUES A SYLVIA.

Genève.

J'irai; mais je veux que tu l'avertisses de mon arrivée quelques jours d'avance : je ne veux surprendre personne; il me serait horrible de trouver sur le visage de Fernande une expression d'embarras ou d'effroi. Dis-lui qu'elle se contraigne, s'il le faut, pour ne me laisser rien apercevoir de ce qui se passe; fais-lui croire toujours que je suis sans soupçon; et persuade-lui de m'entretenir soigneusement dans cette confiance. Non, je ne me sens pas assez fort pour être témoin de leurs amours; je ne suis pas un philosophe stoïcien, et une âme de feu brûle encore mon front sous mes cheveux blancs. Ce que tu fais maintenant est cruel, Sylvia; j'étais presque enseveli, et tu me rappelles au monde des vivants pour souffrir quelques jours de plus, et m'assurer de nouveau de la nécessité de le quitter pour jamais. Soit, Fernande souffre; elle a besoin de moi, dis-tu; j'en doute, mais je sens que je ne mourrais pas tranquille, si j'avais négligé d'adoucir une de ses peines. C'est la dernière qui l'atteindra, elle n'aura plus rien à perdre; privée de ses enfants et délivrée de son mari, elle pourra se livrer à son amour sans partage et sans crainte. Cette intimité que tu crois encore possible entre nous est un rêve romanesque; quand même j'oublierais mes ressentiments, pourraient-ils oublier le mal qu'ils m'ont fait? La vue d'un homme qu'on a rendu malheureux est insupportable; c'est comme le cadavre de l'ennemi qu'on a tué.

J'arriverai deux jours après cette lettre. Je vais donc revoir cette maison funeste! Je comprends ce qui est arrivé; mon fils est mort.

XXXVIII

D'OCTAVE A FERNANDE.

Lyon.

Je me suis soumis à ton ordre, et je pense encore que j'ai dû le faire; mais je n'irai pas plus loin: dix lieues suffisent bien pour mettre le silence et la paix entre lui et moi. De quoi donc as-tu peur pour moi? Crois-tu que Jacques songe à tirer vengeance de mon bonheur? Il est trop généreux ou trop sage pour cela. J'ai consenti à m'éloigner parce que ma présence lui serait désagréable; la sienne me ferait moins souffrir qu'il ne pense. Je ne saurais m'imputer des torts réels envers lui : il pouvait m'empêcher d'en avoir, il avait pour lui le droit et la force; je n'ai pas commis un vol en profitant du bien qu'il me laissait. Est-on coupable parce qu'on lutte avec des êtres indifférents au dommage qu'on leur fait, ou trop magnifiques pour daigner s'en apercevoir? Si Jacques est sublime en ceci, comme tu le crois, raison de plus pour que je le voie avec plaisir, et pour que je lui donne la plus franche poignée de main que j'aie donnée de ma vie. Je ne conçois rien à ces subtilités de sentiment : idées fausses dont tu t'entoures pour te torturer, comme si tu n'étais pas déjà assez malheureuse, ma pauvre enfant ! Pleure les pertes cruelles dont le sort t'afflige ; je les pleure avec toi, et rien ne me consolera jamais de la mort de ta fille, pas même..., ô ma Fernande ! pas même cet événement que tu ajoutes à la somme de tes douleurs et que je considère comme un bienfait du ciel, comme un acte de réconciliation entre lui et moi. Laisse mon cœur bondir de joie à cette idée ; laisse-moi faire mille rêves, mille projets délicieux. Elle s'appellera Blanche, comme celle qui est morte, car ce sera une fille aussi ; elle aura le joli regard et les cheveux blonds de ce petit ange qui te ressemblait tant. Tu verras qu'elle sera toute pareille ; aussi belle, aussi caressante, aussi capricieuse et plus forte ; car les enfants de l'amour ne meurent jamais : Dieu les doue de plus d'avenir et de vigueur que ceux du mariage, parce qu'il sait qu'il leur faut plus de force pour résister aux maux d'une vie où on les accueille mal ; veux-tu donc que cela soit vrai pour ton enfant ? Pleureras-tu sur lui, au lieu de l'embrasser le jour où il viendra au monde ? Ah ! si tu le reçois avec douleur, si tu le repousses, si tu refuses de l'aimer, parce qu'il n'aura pas Jacques pour père, laisse-le-moi, et que la Providence l'abandonne ; je m'en charge; je le recevrai dans mon sein, je le nourrirai moi-même avec du lait de biche et des fruits, comme les solitaires des vieilles chroniques que nous lisions l'autre jour ensemble. Il reposera à mes côtés, il s'endormira au son de ma flûte; il sera élevé par moi, il aura les talents que tu aimes, et les vertus que tu auras besoin de trouver en lui pour être heureuse; et quand il sera en âge de garder son secret et le nôtre, il ira t'embrasser; il te dira : « Je m'appelle Octave, et je n'ai pas besoin d'un autre nom : celui de votre mari me serait moins cher, et ne servirait à rien. Je vous respecte et vous estime, vous n'avez pas assuré mon existence sociale par un mensonge, vous ne m'avez pas donné pour maître un homme auquel je ne suis rien; c'est mon père qui m'a élevé, et qui m'a appris à me passer de richesse et de protection. Je n'ai besoin que de tendresse, donnez-moi la vôtre; je ne vous appellerai jamais ma mère; mais un baiser de vous en secret sur mon front me fera connaître toutes les joies de l'amour filial. » Dis-moi, quand il te parlera ainsi, le repousseras-tu? seras-tu fâchée d'avoir cet ami de plus? toute la peine qu'il te causera consiste à cacher son existence à ton mari. Pour le présent et pour l'avenir, cela me semble une chose si aisée, que je ne conçois pas comment tu t'en inquiètes. Souffriras-tu de ne pouvoir avouer et produire ton enfant? Mais songe que Jacques a le double de ton âge, ma chère Fernande; tu ne peux pas te dissimuler que tu ne doives lui survivre de beaucoup, et qu'un temps viendra, dans l'ordre de la nature, où tu seras libre. Avant même cette époque présumable, que d'accidents, que de hasards peuvent nous permettre d'être époux ! Crois-tu que dans dix ans, comme aujourd'hui, comme dans vingt, je ne serai pas toujours à tes pieds, et que mon plus grand bonheur ne sera pas de dire à la société : Cette femme est à moi; je l'ai conquise par mes prières, par mon obstination, par mes fautes, par mon amour; et si j'ai entaché sa réputation, du moins je ne l'ai pas abandonnée comme font les autres ; je suis resté près d'elle; j'ai laissé ma vie couler tout entière au gré de ce mari, qui certes savait se battre, et qui pouvait à tout instant venir m'égorger dans les bras de sa femme; je suis resté là pour satisfaire au ressentiment de l'un, ou pour protéger l'autre en cas de besoin; j'ai consacré tous mes instants à celle qui s'était un jour sacrifiée à moi. J'ai commencé par l'obtenir à force de persécutions; mais j'ai fini par la mériter à force de tendresse; à présent elle m'appartient légitimement. Que les hommes ratifient cette union qu'ils ont en vain combattue !

Tu sais bien, Fernande, que cela est sûr, quant à moi; la Providence peut faire le reste, et elle le fera, n'en doute pas. Notre destinée était de nous rencontrer, de nous comprendre et de nous aimer. Le hasard finit par se soumettre à l'amour; la force attractive surmonte tous les obstacles, et l'aimant va embrasser le fer dans les entrailles de la terre, en dépit du roc qui les sépare. Pauvre femme tremblante, jette-toi donc dans mes bras, je te protégerai contre l'univers entier ! Pauvre mère désolée, essuie tes larmes ; les enfants que nous aurons ensemble ne mourront pas !

Reviens à l'espérance ; souviens-toi des beaux jours que nous avons eus au milieu de tes plus grandes anxiétés ; souviens-toi des miracles que fait l'amour. Quand nous sommes dans les bras l'un de l'autre, ne sommes-nous pas perdus dans un monde de délices, où les cris et les plaintes de la terre n'arrivent pas ? Sois sûre d'ailleurs que tu ne fais pas à ton mari tout le mal que tu penses : c'est un homme trop supérieur pour se laisser affecter des insultes de la sottise ; il sait qu'elles ne peuvent l'atteindre, et il ne croit certainement pas que nous nous faisions un jeu de l'y exposer. Il sait peut-être que nous nous aimons, ou au moins il s'en doute ; et ne vois-tu pas que cela ne lui cause aucune colère ? C'est un homme calme et raisonneur ; de plus c'est un homme excellent : s'il savait tes anxiétés, il t'en consolerait, il te rassurerait sur tes craintes, et je gage bien qu'il le fera quelque jour. Encore deux ou trois ans, et il sera vieux, et l'amour-propre de l'amant délaissé fera place à la générosité de l'ami consolé. A présent il voyage et se tient éloigné, parce que notre position à tous est difficile, et notre contenance désagréable en présence l'un de l'autre. Le temps effacera ces répugnances plus vite peut-être que nous ne l'espérons : l'avenir semble placé au delà de notre atteinte ; mais le temps travaille avec une rapidité dont on s'étonne quand on voit son œuvre accomplie. Abandonne-toi donc à l'amour : il sera toujours le maître ; ta résistance ne sert qu'à diminuer les joies qu'il te donne. Oh! elles sont si belles et si enivrantes! Respecte-les comme les dons sacrés du ciel; travaille à les préserver des injures du sort, qui est stupide et aveugle, et qu'il faut gouverner avec force et courage, loin de l'accepter tel qu'il est. Ne crains pas que Jacques te les reproche; s'il savait comme notre amour est irrésistible et notre bonheur immense, il nous permettrait d'en jouir. Réponds-moi vite; dis-moi si Jacques doit rester longtemps. J'ai toute la vie, j'espère, à passer avec toi, et pourtant je ne pourrais me soumettre sans douleur à perdre une semaine. Tu sais que si Jacques, d'accord avec toi, l'exigeait, je pourrais me soumettre à un long exil; mais à présent il lui semblerait peut-être que je le fuis. S'il me demandait, dis-lui que je suis à Lyon; surtout donne-moi de tes nouvelles, et soigne ce que j'ai de plus cher au monde.

XXXIX

DE FERNANDE A OCTAVE.

Jacques part bientôt; mais il veut te voir auparavant. Tu as raison, Octave, c'est un homme excellent : il est impossible d'avoir plus de générosité, de douceur, de délicatesse et de raison. Je vois bien qu'il sait tout. J'étais au moment de lui tout avouer, tant je souffrais de ce que je prenais pour un excès de confiance et d'estime; mais, dès les premiers mots, il m'a fait entendre qu'il ne voulait pas en savoir davantage, et il m'a témoigné une amitié si vraie, une indulgence si grande, que je suis pénétrée d'attendrissement et de reconnaissance. Tu avais bien jugé ses intentions, et notre position à tous, mon cher Octave : il a fait de sérieuses réflexions sur la différence de nos âges, et il a certainement vaincu le reste d'amour qu'il avait pour moi; car il m'a parlé absolument dans le sens de ta lettre. Il m'a dit que *certains propos* l'obligeaient à se tenir éloigné de nous, afin que le monde ne crût pas qu'il donnait les mains à notre amour.— Et que penses-tu de cet amour? lui ai-je dit; crois-tu que ce soit une calomnie? J'étais tremblante et prête à embrasser ses genoux. Il a fait semblant de ne pas s'en apercevoir, et il m'a répondu : —Je suis bien sûr que c'est une calomnie. Mais j'ai vu qu'il savait à quoi s'en tenir, et sa tranquillité a dégagé mon cœur d'un poids énorme. Jacques est bon et affectueux; mais il raisonne : il n'est plus jeune; il sait que je suis excusable, et, comme tu le dis, sa générosité naturelle est secondée par la sagesse de ses réflexions. Il m'a fait espérer qu'il reviendrait tous les ans passer quelques semaines près de nous, et que, dans quelques années, il ne nous quitterait plus.

Ta lettre m'aurait décidée à garder le secret sur ma grossesse, quand même Jacques ne m'aurait pas aidée à me taire sur tout le reste. Je me fie et je m'abandonne à toi. Tu savais bien que jamais je n'aurais l'impudence de profiter de la loi qui forcerait Jacques à donner son nom et ses biens à l'enfant de nos amours: encore moins aurais-je eu la bassesse d'aller revendiquer ses caresses pour le tromper sur la légitimité de cet enfant; tu m'aurais tuée plutôt que de le permettre, n'est-ce pas? Et tu le recueilleras, tu le cacheras, tu le soigneras, cet enfant bien-aimé! Nous le confierons à quelque honnête paysanne, bien propre et bien fidèle, qui le nourrira, et nous irons le voir tous les jours. Ah! quel que soit mon sort, et dans quelque circonstance qu'il vienne au monde, sois sûr que je le chérirai autant que ceux qui ne sont plus, et davantage peut-être, à cause de ce que j'ai souffert en les perdant! Si quelque jour Jacques découvre la naissance de celui-là, il ne le haïra pas, il ne le persécutera pas. Qui sait jusqu'où ira sa bonté? Il est capable de tout ce qui est étrange et sublime... Mais combien je suis heureuse que sa générosité aujourd'hui ne lui coûte pas autant que je le croyais! Je n'aurais jamais pu me tranquilliser et t'aimer sans tourments et sans remords, si j'avais vu qu'il fallait briser le noble cœur de Jacques. Heureusement il n'est plus dans l'âge des passions brûlantes; et d'ailleurs il me l'avait toujours dit, et il savait bien ce qu'il disait alors :—Quand tu ne me permettras plus d'être ton amant, je deviendrai ton père. Il a tenu parole. O mon cher Octave! nous ne passerons jamais une nuit ensemble sans nous agenouiller et sans prier pour Jacques.

Et toi! que tu es bon, et comme tu sais aimer! Oh! je n'ai jamais aimé que toi! J'ai cru avoir de l'amour pour Jacques, mais ce n'était qu'une sainte amitié, car cela ne ressemblait en rien à ce que j'éprouve pour toi. Quels transports que les tiens, et comme tu es sans cesse occupé de moi! quelle sollicitude! quel dévouement! tu n'es pas mon mari, et tu me consacres ta vie; mes larmes et mes faiblesses ne te rebutent pas, tu ne me reproches aucun de mes défauts. Jacques non plus! Il est bien bon aussi; mais il n'est pas mon égal, mon camarade, mon frère et mon amant comme toi. Il n'est pas enfant comme nous, et puis il y a dans sa vie autre chose que l'amour. La solitude, les voyages, l'étude, la réflexion, il aime tout cela; et nous, nous n'aimons que nous. Aimons-le aussi, cet ami si parfait; viens le voir. Il désire, m'a-t-il dit, te donner une poignée de main avant de repartir. Je lui ai demandé avec un peu d'inquiétude s'il avait quelque chose à te dire. — Non, m'a-t-il répondu; mais pourquoi s'éloigne-t-il quand j'arrive? quelle raison a-t-il de me fuir? J'ai dit que tu avais été voir Herbert qui venait de Paris, et qui passait par Lyon pour retourner en Suisse. — Écris-lui bien vite de venir, m'a-t-il dit, et si Herbert est encore à Lyon, qu'il l'amène; nous passerons encore une bonne journée tous ensemble comme autrefois, cela te fera du bien. Brave Jacques!

P.-S. J'ai eu ce matin une étrange frayeur pour une circonstance bien misérable. J'avais laissé ta lettre ouverte sur le bureau de mon cabinet, sans fermer la porte à clef. Jacques n'a jamais songé de sa vie à jeter les yeux sur mes papiers. Il est, à cet égard, d'une discrétion si religieuse, que je n'ai pas pris l'habitude de la prudence. Je fis cette réflexion, je ne sais comment, en me promenant dans le parc avec Sylvia. Je me demandai tout à coup où pouvait être Jacques, et la pensée qu'il devait être dans mon cabinet me troubla tellement, que je quittai le parc et courus vers la maison. Je montai sans rencontrer Jacques, et j'entrai dans mon appartement. Il n'y avait personne, et rien n'était dérangé sur mon bureau. Rassurée, mais encore tremblante, je m'assis et pris cette lettre pour la plier et la serrer. Je trouvai sur les dernières lignes une goutte d'eau toute fraîche. Je m'imaginai que c'était une larme, je faillis m'évanouir d'émotion et de terreur. Cependant je repris courage en voyant d'autres gouttes d'eau sur les papiers voisins, tombées d'un bouquet de roses tout humides de pluie que j'avais mis dans un vase à côté de ces papiers. Mais alors, vois ma puérilité et l'état de faiblesse imbécile où le chagrin et l'inquiétude ont réduit ma pauvre tête! je m'imaginai que la goutte d'eau de la lettre était chaude, et que les autres étaient froides. Je te vois d'ici rire de cette folie; le fait est qu'elle s'empara si bien de moi que je poussai un cri. J'entendis la voix de Jacques qui m'appelait du salon pour me demander ce que j'avais, et il monta précipitamment, d'un air effrayé, croyant que j'avais une attaque de nerfs. Je t'avoue que peu s'en fallait. Pourtant la physionomie de Jacques me rassura, et il acheva de me rendre la vie en me disant qu'il voulait que tu vinsses le voir, et toutes les autres choses que je t'ai racontées. Je vis bien que la frayeur que je venais d'éprouver était l'ouvrage d'une imagination malade. Ne suis-je pas tombée dans un état bien ridicule? Reviens, un baiser de toi me fera plus de bien que tout le reste; et quand je verrai ta main dans celle de Jacques, je serai tout à fait tranquille.

21.

XL

DE JACQUES A SYLVIA.

Genève.

Ma chère bien-aimée, j'ai fait le voyage jusqu'ici avec Herbert. Tu t'es imaginé que je le quitterais à Lyon; pas du tout. Sa société ne m'a fait nullement souffrir; nous avons constamment parlé de toi. Tu dois t'être aperçue qu'il est amoureux de toi. Je l'ai examiné et questionné de manière à le bien connaître. C'est un digne garçon, simple, loyal, obligeant, sincère. Il a une jolie fortune, une habitation agréable dans le pays que tu aimes, et ses occupations le préservent de l'esprit de tracasserie qui est particulier aux hommes rangés. Il m'a prié de te présenter sa demande en mariage, et je te conseille de l'accepter; non pas à présent, je comprends que tu n'es pas disposée à t'occuper de cela, mais plus tard. Tu ne seras jamais heureuse par l'amour, Sylvia. Tu pourras chercher longtemps un être digne de toi, et, si tu le trouves, tu auras le même sort que moi, il sera trop tard; tu seras trop vieille pour te faire aimer longtemps. Il y a un désaccord trop complet d'ailleurs entre notre manière de sentir et celle de tous les autres hommes, pour que nous puissions jamais trouver notre semblable en ce monde. Il n'y a pourtant qu'une chose dans la vie, c'est l'amour. Mais l'amour, dans le cœur des femmes surtout, peut être de deux sortes, l'amour d'un homme et l'amour maternel. J'aurais vécu pour mes enfants, tout infortuné que je suis. Ils sont morts! C'est un accident qui me tue. Mais tu pourras élever les tiens, et, à l'abri de tous les maux qui m'accablent, être heureuse par eux. A la manière dont tu chérissais et dont tu soignais les miens, il était facile de voir que tu serais une mère sublime. Deviens-le donc; épouse Herbert. Il suffira que tu aies pour lui de l'estime et de l'amitié. Il en est digne. C'est une de ces belles natures calmes qui ne connaissent ni le transport des passions, ni leurs funestes souffrances. Il ne te demandera pas plus d'affection que tu ne seras disposée à lui en accorder, et, quand tu le connaîtras, tu ne lui en accorderas pas moins qu'il n'en mérite. Vous aurez une vie tranquille et patriarcale. Tu es une véritable Ruth, active, courageuse et dévouée comme la femme forte des beaux temps bibliques. Tu feras de tes rêves irréalisés et de tes vains désirs un saint holocauste, et tu répartiras sur tes fils l'amour que tu n'as pu donner à un homme. Ne m'ôte pas cette espérance, et laisse-moi l'emporter dans la tombe. Elle m'est venue l'autre jour, comme nous dînions au rendez-vous de chasse. Je m'étais levé un instant : je revins, et je contemplai ces deux couples assis sur l'herbe, Octave et Fernande, Herbert et toi ; Herbert suivait tes moindres mouvements avec sollicitude ; il épiait tous tes regards pour trouver l'occasion de te rendre un petit service et de t'entendre lui dire : *Merci, Herbert.* Les deux autres amants étaient radieux de bonheur, et je leur rends justice avec joie, ils me comblèrent tout le jour d'amitiés et de caresses délicates. Un calme divin est descendu un instant dans mon cœur en voyant que vous étiez tous heureux ou du moins que vous pouviez l'être. Oh! quelle étrange et solennelle journée! c'étaient là des adieux éternels entre vous et moi! Qui l'eût dit? Il y avait des instants où je l'oubliais moi-même, et où je me reportais à notre ancien bonheur, au point de croire que tout ce qui s'est passé depuis était un rêve. Le temps était si beau, l'herbe si verte, les oiseaux chantaient si bien, Fernande était si jolie avec ces pâles roses qui renaissent d'elles-mêmes sur son visage après quelques jours de souffrance! Je dormis un quart d'heure sur le gazon avant le dîner, et, quand je m'éveillai, elle était près de moi et chassait les insectes de mon front avec son bouquet de fleurs sauvages ; Octave chantait un duo avec Herbert ; tu préparais les fruits pour le dessert, et mes chiens dormaient à mes pieds. C'était un tableau de bonheur rustique si frais et si paisible que je le contemplai quelque temps sans me rappeler la nécessité de mourir. Mais quand cette idée revint au milieu de tout cela...!

Je suis très-calme, mais je souffre encore beaucoup ; je te l'ai déjà dit cent fois, tu t'obstines à faire de moi un héros et tu m'invites à vivre comme si j'en avais la force. Souviens-toi donc que j'aimais encore il y a peu de jours, et que je serais furieux si je n'étais anéanti. D'ailleurs, tu n'as pas lu ces deux lettres d'Octave et de Fernande! Je les ai lues, et c'est mon arrêt de mort. J'ai vu combien, malgré leur estime et leur amitié pour moi, ma vie leur est à charge. Amants ingénus ! ils désirent naïvement que je meure, et se le disent sans s'en apercevoir. Ils ont des raisons bien légitimes pour cela, des raisons que je respecte, mais qui ont mis de la glace dans mon sang. Fernande n'est plus ma femme, c'est celle d'Octave, c'est un être qui ne fait plus partie de moi, et que je ne pourrais plus presser dans mes bras quand même elle viendrait s'y jeter sincèrement. Elle est vraiment ma fille à présent, et toute autre pensée ressemblerait pour moi à celle d'un inceste. Ne me dis donc plus qu'elle peut revenir à moi, et que je peux oublier tout ; elle est la mère des enfants d'Octave. Je ne la hais ni ne la méprise pour cela ; mais cela rend nécessaire notre éternelle séparation.

C'est la main de Dieu qui a mis cette lettre sous mes yeux. J'allais peut-être me perdre et m'avilir ;

j'allais accepter le rôle faux et impossible que tu avais rêvé pour moi. Ébranlé par ton éloquence romanesque, touché des pleurs de Fernande et de ses humbles prières, j'allais lui promettre de passer le reste de mes jours entre elle et son amant. J'étais à chaque instant près de lui dire : « Je sais tout, et je pardonne à tous deux; sois ma fille et qu'Octave soit mon fils; laissez-moi vieillir entre vous deux, et que la présence d'un ami malheureux, accueilli et consolé par vous, appelle sur vos amours la bénédiction du ciel. » Ce rayon d'espérance, cette illusion de quelques heures, qui est venue briller sur mon dernier jour avant de m'abandonner à l'éternelle nuit, n'est-ce pas un raffinement de souffrance! Entrevoir un coin du ciel quand on est condamné à descendre vivant dans la tombe! N'importe, je suis bien aise d'avoir fait toutes les réflexions et tous les efforts possibles pour me rattacher à la vie; je mourrai sans regret. Le destin m'a fait entrer dans la chambre où était écrite cette sentence. J'allais y chercher de l'encre et du papier pour écrire à Octave de revenir; en me penchant sur la table, je vis son écriture, et mes yeux rencontrèrent cette phrase terrible qui s'attachait à ma prunelle comme du feu : *Les enfants que nous aurons ensemble ne mourront pas.* Je voulus savoir mon sort; je sentis que les considérations ordinaires de la délicatesse devaient se taire devant l'oracle du destin, et d'ailleurs, incapable, comme je le suis, de nuire à Fernande, je pouvais, sans scrupule, violer ses secrets.

Sans cela, je me trompais de route, et j'entrais dans une nouvelle série de maux qui m'auraient également conduit où je vais, mais moins courageux et moins pur que je ne le suis aujourd'hui. Oui! j'ai bien fait de lire; tu as vu ma conduite aussitôt après cela. Mon parti a été pris bien vite, et j'ai eu dès ce moment la sérénité du désespoir dans l'âme et sur le visage.

Il a raison, leurs enfants ne mourront pas; la nature bénit et caresse celui qui est aimé; le froid de la mort s'étend sur celui qui ne l'est plus. Tout l'abandonne, et les plantes même se dessèchent sous la main du maudit; la vie s'éloigne de lui, et le cercueil s'ouvre pour le recevoir, lui et les premiers-nés de son amour; l'air qu'il respire est empoisonné, et les hommes le fuient; ce malheureux, disent-ils, ne mourra donc jamais!

Cette lettre m'a dicté mon devoir; j'ai vu ce qu'il fallait dire à Fernande pour la consoler et la guérir; il le sait, lui, il la connaît mieux que moi maintenant. J'ai réalisé tout ce qu'il lui promettait de ma part; je me suis conformé au caractère qu'il me suppose, et j'ai vu qu'en effet tout ce qu'elle désirait, c'était d'être délivrée de mon amour. Dès que je lui ai dit qu'il était éteint, je l'ai vue renaître, et ses yeux semblaient me dire: « Je puis donc aimer Octave à mon aise! »

Qu'elle l'aime donc! Un homme moins malheureux que moi eût peut-être trouvé l'occasion de se sacrifier pour l'objet de son amour et d'en être récompensé à sa dernière heure par les bénédictions des heureux qu'il eût faits; mais mon sort est tel qu'il faut que je me cache pour mourir. Mon suicide aurait l'air d'un reproche, il empoisonnerait l'avenir que je leur laisse, il le rendrait peut-être impossible; car, après tout, Fernande est un ange de bonté, et son cœur, sensible aux moindres atteintes, pourrait se briser sous le poids d'un remords semblable. D'ailleurs le monde la maudirait, et, après m'avoir poursuivi de ses féroces railleries pendant ma vie, il poursuivrait ma veuve de ses aveugles malédictions après ma mort. Je sais comment les choses se passent; un coup de pistolet dans la tête fait tout à coup un héros ou un saint de celui qu'on méprisait ou qu'on détestait la veille. J'ai horreur de cette ridicule apothéose; je dédaigne trop les hommes au milieu desquels j'ai vécu pour les appeler à mon agonie comme à un spectacle; nul ne saura pourquoi je meurs; je ne veux pas qu'on accuse ceux qui me survivent, et je ne veux pas qu'on fasse grâce à ma mémoire.

J'ai voulu voir Octave avant de partir, et m'assurer par mes yeux que je pouvais lui léguer sans inquiétude ce que j'ai eu de plus cher au monde. C'est un homme d'un étrange égoïsme, mais il sait faire une vertu de ce vice, et sa hardiesse me plaît. J'espère qu'il la rendra heureuse. Il m'a embrassé avec effusion quand je suis parti, et elle aussi. Ils étaient bien contents!

XLI

DE SYLVIA A JACQUES.

A présent je ne me flatte plus, et ton désespoir est passé dans mon âme; mais le tien est auguste et résigné, et le mien est sombre et amer. C'en est donc fait, ton parti est pris! O Dieu! ô Dieu! un homme comme Jacques va se tuer, et vous ne ferez pas un miracle pour l'en empêcher! Vous allez laisser tomber cette vie sainte et sublime dans le gouffre de l'éternité, comme un grain de sable dans l'Océan; elle s'en ira pêle-mêle avec celles des méchants et des lâches, et la création tout entière ne se révoltera pas contre vous pour refuser son sacrifice! Ton malheur fera de moi une athée à mon dernier soupir, ô Jacques!

Tu me parles d'avenir, de bonheur, de mariage, de maternité! Mais tu ne sais donc pas... non, tu ne connais pas mon amitié, si tu t'imagines que je puisse te survivre. Quand ce ne serait que par indignation, je hais la vie désormais, je la hais encore plus que toi; car tu acceptes ton sort, et moi je me révolte contre le ciel et contre les hommes qui l'ont fait ce qu'il est. Je hais Octave, et je ne puis regarder ma sœur en face; je la fuis, tant j'ai peur de la haïr aussi. Voilà comme elle t'a compris, la femme que tu aimais! et voilà l'homme qu'elle t'a préféré! Oui, ils sont faits l'un pour l'autre, ils ont raison; qu'ils s'aiment et qu'ils dorment sur ton cercueil: ce sera leur couche nuptiale.

Mais pourquoi faut-il que tu meures? du moment qu'ils le désirent, n'es-tu pas affranchi de tout devoir envers eux? Parce qu'ils ont une pensée criminelle, tu t'offres à Dieu comme une victime d'expiation pour leur forfait! Que deviendra donc dans le cœur des hommes l'amour de la justice et la foi à la Providence, si les premiers d'entre eux se condamnent et s'immolent ainsi pour laver les fautes des derniers! Ne peux-tu abandonner pour jamais cette maudite Europe où tous tes maux ont pris racine, et chercher quelque terre vierge de tes larmes, où tu pourras recommencer une vie nouvelle? Est-il bien vrai que tu n'as plus rien dans le cœur, pas même de l'amitié pour moi qui te suivrais au bout du monde? Ah! cette amitié qui remplissait toute mon âme, et qui étouffait à chaque instant l'amour que j'aurais pu concevoir pour d'autres hommes, ne t'a jamais suffi; tu venais te reposer et te consoler près de moi, mais tu retournais bien vite à cette vie de passions orageuses qui a fini par te briser. A présent que tes passions sont mortes, ne peux-tu vivre doucement, et vieillir avec ta sœur sous quelque beau ciel, dans une des solitudes enchantées du Nouveau-Monde? Viens, partons, oublions ce que nous avons souffert: toi, pour aimer trop, et moi, pour ne pouvoir pas aimer assez. Nous adopterons, si tu veux, quelque orphelin; nous nous imaginerons que c'est notre enfant, et nous l'élèverons dans nos principes. Nous en élèverons deux de sexe différent, et nous les marierons un jour ensemble à la face de Dieu, sans autre temple que le désert, sans autre prêtre que l'amour; nous aurons formé leurs âmes à la vérité et à la justice, et il y aura peut-être alors, grâce à nous, un couple heureux et pur sur la face de la terre.

Ah! laisse-moi faire de ces rêves, et fais-en avec moi. Il doit y avoir autre chose dans la vie que l'amour. Tu dis que non. Comment se fait-il qu'un homme comme toi, doué de tous les talents, sage de toutes les sciences, riche de toutes les idées, de tous les souvenirs, n'ait jamais voulu vivre que par le cœur? Ne peux-tu te réfugier dans la vie de l'intelligence? que n'es-tu poëte, savant, politique ou philosophe! Ce sont des existences que l'âge rend chaque jour plus belles et plus complètes. Pourquoi faut-il que tu meures à quarante ans d'un désespoir de jeune homme? O Jacques! c'est que ton âme est trop brûlante; elle ne veut pas vieillir, elle aime mieux se briser que de s'éteindre. Trop modeste pour entreprendre d'éclairer les hommes par la science, trop orgueilleux pour pouvoir briller par le talent aux yeux d'êtres si peu capables de te comprendre, trop juste et trop pur pour vouloir régner sur eux par l'intrigue ou par l'ambition, tu ne savais que faire de la richesse de ton organisation. Dieu aurait dû créer un ange exprès pour toi, et vous envoyer vivre tous deux seuls dans un autre monde; il aurait dû au moins te faire naître dans le temps où la foi et l'amour divin servaient à éclairer et à régénérer les nations. Il t'eût fallu une tâche immense, héroïque, humble et enthousiaste à la fois; une vie toute de larmes saintes et de souffrances philanthropiques; une destinée comme celle du Christ.

Mais quand un homme comme toi naît dans un siècle où il n'y a rien à faire pour lui; quand, avec son âme d'apôtre et sa force de martyr, il faut qu'il marche mutilé et souffrant parmi ces hommes sans cœur et sans but, qui végètent pour remplir une page insignifiante de l'histoire; il étouffe, il meurt dans cet air corrompu, dans cette foule stupide qui le presse et le froisse sans le voir. Détesté par les méchants, raillé par les sots, craint des envieux, abandonné des faibles, il faut qu'il cède et qu'il retourne à Dieu, fatigué d'avoir travaillé en vain, triste de n'avoir rien accompli; le monde reste vil et odieux : c'est ce qu'on appelle le triomphe de la raison humaine.

Tu m'as fait jurer de rester auprès de ta femme jusqu'à ce qu'elle fût consolée de ta mort, tu m'as arraché ce serment, ne peux-tu le rétracter ? Sera-t-il en mon pouvoir de le tenir quand je saurai que le jour est venu et que tu touches à ta dernière heure ? Crois-tu, Jacques, que je n'abandonnerai pas tout pour aller partager avec toi le poison ou les balles ? Tu me fais sourire avec la demande d'Herbert ! Souviens-toi que tu m'as juré, de ton côté, de ne pas exécuter ta résolution sans me prévenir, et sans me laisser le temps d'aller t'embrasser une dernière fois.

XLII

DE JACQUES A SYLVIA.

Des montagnes du Tyrol.

Calme ta douleur, ma sœur chérie; elle réveille la mienne, et ne change rien à ma résolution. Quand la vie d'un homme est nuisible à quelques-uns, à charge à lui-même, inutile à tous, le suicide est un acte légitime et qu'il peut accomplir, sinon sans regret d'avoir manqué sa vie, du moins sans remords d'y mettre un terme. Tu me fais bien plus vertueux et bien plus grand que je ne suis; mais il y a quelque chose de profondément vrai dans ce que tu dis de la tristesse qu'éprouve une âme pleine de bonnes intentions inutiles et de dévouements perdus, quand elle est forcée d'abandonner sa tâche sans l'avoir remplie; ma conscience ne me reproche rien, et je sens qu'il m'est permis de me coucher dans ma fosse et de m'y délasser d'avoir vécu. J'ai traversé, il y a quelques jours, un champ de bataille où je me suis trouvé, pour la première fois, au milieu du sang, du feu et de la poussière, il y a une quinzaine d'années; j'étais jeune alors, et une belle carrière s'ouvrait devant moi, si j'avais su en profiter. C'était un temps de gloire et d'enivrement pour mes compagnons. Je me souviens que je passai la nuit de la veillée sur un de ces toits de chaume à fleur de terre qui servent de grange et de bergerie au pied des montagnes. J'étais à mi-côte de la colline; j'avais sous les yeux une arène magnifique : le camp français à mes pieds, les feux de l'ennemi au loin, et Napoléon, général, au milieu de tout cela. Je fis bien des réflexions sur cette destinée qui s'offrait à moi, et sur cet homme de génie qui commandait à tant de destinées. Je me trouvai froid au milieu de ces travaux sanglants et de cette gloire funeste; seul peut-être dans l'armée je ne regrettai pas de ne pas être Napoléon. J'acceptai les horreurs de la guerre avec la force d'âme que donne la raison à celui qui ne peut pas reculer; mais en galopant le lendemain sur ces crânes que brisait le pied de mon cheval, sur ces cadavres qui gémissaient encore, je me sentis pénétré d'une haine si profonde pour les hommes qui appelaient cela de la gloire, et d'une aversion si insurmontable pour ces scènes hideuses, qu'une pâleur éternelle s'étendit sur mon visage, et que mon extérieur prit cette glaciale réserve qu'il n'a jamais perdue depuis. Dès ce jour, mon caractère rentra en lui-même : je fis une espèce de scission avec mes pareils, je me battis avec un désespoir et une répugnance qu'ils appelaient du sang-froid, et sur lesquels je ne m'expliquai jamais avec eux; car ces brutes n'eussent pas compris qu'il pût se trouver parmi eux un homme qui n'aimât pas la vue et l'odeur du sang. Je les voyais se prosterner autour de l'ambitieux qui ouvrait tant d'artères et se nourrissait de tant de larmes; et quand je le voyais, lui, marcher sur ces morts au milieu des nuées de vautours qu'il engraissait de chair humaine, j'avais envie de l'assassiner, afin d'être maudit et massacré par ses adorateurs.

Non, le génie sans la bonté, sans l'amour, sans le dévouement, ne m'a jamais ni séduit ni tenté. J'irai vivre aux pieds d'une femme, me disais-je, et j'aimerai un de ces êtres faibles et sensibles qui s'évanouissent devant une goutte de sang. J'ai cherché la faiblesse, et je l'ai trouvée. Mais la faiblesse tue la force, parce que la faiblesse veut jouir et vivre, et parce que la force sait renoncer et mourir.

Ne maudis pas ces deux amants qui vont profiter de ma mort. Ils ne sont pas coupables. Ils s'aiment. Il n'y a pas de crime là où il y a de l'amour sincère. Ils ont de l'égoïsme, et ils n'en valent peut-être que mieux. Ceux qui n'en ont pas sont inutiles à eux-mêmes et aux autres. Pour quiconque veut n'être pas déplacé dans la société, il faut avoir l'amour de la vie et la volonté d'être heureux en dépit de tout. Ce qu'on appelle la vertu dans cette société-là, c'est l'art de se satisfaire sans heurter ouvertement les autres, et sans attirer sur soi des inimitiés fâcheuses. Eh bien! pourquoi haïr l'humanité parce qu'elle est ainsi? C'est Dieu qui lui a donné cet instinct pour qu'elle travaillât elle-même à sa conservation. Dans le grand moule où il forge tous les types des organisations humaines, il en a mêlé quelques-uns plus austères et plus réfléchis que les autres. Il a créé ceux-là de telle façon, qu'ils ne peuvent vivre pour eux-mêmes, et qu'ils sont incessamment tourmentés du besoin d'agir pour faire prospérer la masse commune. Ce sont des roues plus fortes qu'il engrène aux mille rouages de la grande machine. Mais il est des temps où la machine est si fatiguée et si usée que rien ne peut plus la faire marcher, et que Dieu, ennuyé d'elle, la frappe du pied et la fracasse pour la renouveler. Dans ces temps-là, il y a bien des hommes inutiles et qui peuvent prendre leur parti d'aimer et de vivre s'ils peuvent, de mourir s'ils ne sont pas aimés et s'ils s'ennuient.

Tu me reproches de ne t'avoir pas assez aimée. Au moment de la mort, on peut tout se dire; je dois te faire remarquer (c'est la première et la dernière fois) que nous étions dans une position délicate à l'égard l'un de l'autre. Tu es de tous les êtres que j'ai connus celui vers lequel m'entraînait la plus ardente sympathie. Mais tu es jeune et belle, et je n'ai jamais su si tu étais ma sœur. Cette idée ne t'est jamais venue, tu m'as accepté pour ton frère, et lors même que ta mère, qui ne le sait pas elle-même, t'a dit que je ne l'étais pas, notre destinée à tous deux était faite depuis longtemps, et nous ne pouvions plus nous aimer autrement que par le passé. Si nous avions su plus tôt et d'une manière plus sûre que nous pouvions être un homme et une femme l'un pour l'autre, notre vie à tous deux eût été bien différente; mais l'incertitude eût rendu la seule idée de ce bonheur odieuse à tous deux. Je fis donc le sacrifice absolu et éternel de ce rêve, la première fois que je soupçonnai la possibilité de l'accueillir, et j'éteignis dans mon cœur une partie de mon amitié, de peur de donner le change à ma conscience. Que se fût-il passé entre nous si nous n'étions un peu plus forts qu'Octave et Fernande? quand il ne dépendait que d'une parole incertaine ou méchante de madame de Theursan pour nous plonger dans des anxiétés horribles ! Pardonne-moi donc cette excessive prudence que tu n'as jamais comprise ni aperçue, parce que ton âme, plus calme que la mienne, ne te la commandait pas. Grâce à elle, je meurs pur, et mon cœur n'a pas été souillé d'une seule pensée que Dieu ait dû haïr et châtier.

Maintenant songe, ô mon amie! que tu ne peux me suivre dans la tombe; quelque dégoûtée de la vie que tu sois, quelque isolée que tu doives te trouver par ma mort, tu ne peux la partager sans souiller ta mémoire et la mienne de l'accusation qu'on a portée contre nous durant notre vie. Le monde ne manquerait pas de dire que tu étais ma maîtresse, et que c'est un désespoir d'amour qui nous a fait chercher le suicide dans les bras l'un de l'autre. Tu sais comme Octave est soupçonneux, comme Fernande est faible ; eux-mêmes le croiraient. Ah! laissons-leur au moins mon souvenir sans tache, et qu'ils me respectent quand je ne serai plus, quand ce respect ne leur coûtera plus rien.

Mais ne m'accuse pas de t'avoir méconnue, ô ma Sylvia, ma sœur devant Dieu! je te l'ai dit cent fois, il n'y a que toi au monde qui ne m'aies jamais fait que du bien. Toi seule me comprenais, toi seule pensais comme moi. Il semblait qu'une même âme nous animât, et que la plus noble partie te fût échue en partage. Comme tu m'as préféré à tes amants, je t'aurais préférée à mes maîtresses, si je n'avais craint, en m'abandonnant à cette affection si vive, d'aller plus loin que je ne voulais. Toi, tu t'y livrais tranquillement, belle âme éternellement calme et solide! C'est que tu étais le diamant et moi la pierre qui le protége ; mes désirs et mes transports ont toujours placé entre nous, comme une sauvegarde, une amante qui recevait mes caresses, mais qui n'empêchait pas ma vénération de remonter toujours vers toi. Vois comme je me fie à ta parole, et quelle estime est la mienne ; j'ose te révéler toutes les faiblesses, toutes les souffrances de mon cœur! Depuis que je te connais, je t'ai eue pour confidente et pour consolatrice, et avant toi je ne m'étais jamais livré à personne. Sois mon dernier espoir dans le monde que je quitte ;

du fond du cercueil, mon âme viendra encore s'informer avec sollicitude du bonheur de ceux que j'y laisse. Veille sur ta sœur, je te la confie ; si tu veux que je meure en paix, laisse-moi emporter l'assurance que tu ne l'abandonneras jamais, toi qui es pleine de raison, et dont l'amitié vaut mieux que l'amour des autres.

XLIII

DE JACQUES A SYLVIA.

Des glaciers de Runs.

Cette matinée est si belle, le ciel si pur et la nature entière si sereine, que je veux en profiter pour finir en paix ma triste existence. Je viens d'écrire à Fernande de manière à lui ôter à jamais l'idée que je finis par le suicide. Je lui parle de prochain retour, d'espérance et de calme; j'entre même dans quelques détails domestiques, et je lui fais part de plusieurs projets d'amélioration pour notre maison, afin qu'elle me croie bien éloigné du désespoir, et attribue ma mort à un accident. Toi seule es dépositaire de ce secret d'où dépend tout son bonheur futur; brûle toutes mes lettres, ou mets-les tellement en sûreté qu'elles soient anéanties avec toi en cas de mort. Sois prudente et forte dans ta douleur; songe qu'il ne faut pas que je sois mort en vain. Je sors de mon auberge et n'y rentrerai pas. Peut-être ne me tuerai-je que demain ou dans plusieurs jours; mais enfin je ne reparaîtrai plus. Mon âme est résignée, mais souffrante encore; et je meurs triste, triste comme celui qui n'a pour refuge qu'une faible espérance du ciel. Je monterai sur la cime des glaciers, et je prierai du fond de mon cœur; peut-être la foi et l'enthousiasme descendront-ils en moi à cette heure solennelle où, me détachant des hommes et de la vie, je m'élancerai dans l'abîme en levant les mains vers le ciel et en criant avec ferveur : — O justice! justice de Dieu!

―――

Depuis cette dernière lettre adressée à Fernande, dont parle ici Jacques, et qui arriva à Saint-Léon en même temps que ce billet à Sylvia, on n'entendit plus parler de lui; et les montagnards chez qui il avait logé firent savoir aux autorités civiles du canton qu'un étranger avait disparu, laissant chez eux son portemanteau. Les recherches n'amenèrent aucune découverte sur son sort; et, l'examen de ses papiers ne présentant aucun indice de projet de suicide, sa disparition fut attribuée à une mort fortuite. On l'avait vu prendre le sentier des glaciers, et s'enfoncer très-avant dans les neiges; on présuma qu'il était tombé dans une de ces fissures qui se rencontrent parmi les blocs de glace, et qui ont parfois plusieurs centaines de pieds de profondeur.

Note de l'Éditeur.

FIN.

PUBLICATIONS

DE LA SOCIÉTÉ BELGE DE LIBRAIRIE.

SAND (George). Spiridion. 1 vol. in-18.
— Indiana. 2 vol. in-18.
— Lélia; nouvelle édition. 3 vol. in-18.
— Un hiver au Midi de l'Europe. 1 vol. in-18.
— Cosima. 1 vol. in-18.
— Les sept cordes de la lyre. 1 vol. in-18.
— Gabriel. 1 vol. in-18.
— Les Mississipiens. 1 vol. in-18.
— Pauline. 1 vol. in-18.
— Mauprat. 2 vol. in-18.
— Lettres d'un voyageur. 2 vol. in-18.
DUMAS (Alexandre). Les Stuarts. 2 vol. in-18.
— Les crimes célèbres. 8 vol. in-18.
— Impressions de voyage. 4 vol. in-18.
— Nouvelles impressions de voyage. 2 vol. in-18.
— Souvenirs de voyage. 1 vol. in-18.
BALZAC (H. de). Les deux frères. 1 vol. in-18.
— Dom Gigadas. 2 vol. in-18.
— Les Lecamus. 1 v. in-18.
— Une ténébreuse affaire. 1 vol. in-18.
PITRE-CHEVALIER. Brune et blonde. 2 vol. in-18.
MUSSET (Paul de). Mademoiselle Quinault. — Mademoiselle de Lespinasse. — Denise. 1 vol. in-18.
BONNELLIER (Hippolyte). Manette. 2 vol. in-18.
SOULIÉ (Frédéric). Les forgerons. 2 vol. in-18.
MÉRY. Anglais et Chinois. 1 vol. in-18.
LE FOYER DE L'OPÉRA. 3e vol. (in-18.)
COOPER (J. Fenimore). Mercédès de Castille. 3 vol. in-18.
BERTHET (Élie). L'aveugle-né. 1 vol. in-18.
— Le mûrier blanc. 1 v. in-18.
SOUVESTRE (Ém.). Une colonie. 1 vol. in-18.
— Pierre Landais. 1 vol. in-18.
ARLINCOURT (le vicomte d'). Ida, Nathalie. 2 vol. in-18.
BAWR (Mme de). La fille d'honneur. 2 vol. in-18.
DAVID (J.-A.). Un prétendant. 1 vol. in-18.
DE LAVERGNE. Le secret de la confession. 1 vol. in-18.
— Pauline Butler. 1 vol. in-18.
— L'héritage de mon oncle. 1 vol. in-18.
BODIN (mad. Camille, née Jenny Bastide). Caliste. 2 v. in-18.
— Jeanne. 2 vol. in-18.

www.ingramcontent.com/pod-product-compliance
Lightning Source LLC
Chambersburg PA
CBHW050641170426
43200CB00008B/1110